I0536028

EERSTE EDITIE - Gepubliceerd in 2022

Extra grafisch materiaal van: www.freepik.com
Dank aan: Alekksall, Starline, Pch.vector, Rawpixel.com,
Vectorpocket, Dgim-studio, Upklyak, Macrovector,
Stockgiu, Pikisuperstar & Freepik.com Designers

Ontdek gratis online spelletjes
Hier verkrijgbaar:

BestActivityBooks.com/FREEGAMES

5 TIPS OM TE BEGINNEN!

1) HOE OP TE LOSSEN

De Puzzels zijn in een Klassiek Formaat:

- Woorden worden verborgen zonder pauzes (geen spaties, streepjes, ...)
- Oriëntatie: Voorwaarts & Achterwaarts, Boven & Beneden of in Diagonaal (kan in beide richtingen)
- Woorden kunnen elkaar overlappen of kruisen

2) ACTIEF LEREN

Naast elk woord is een spatie voorzien om de vertaling te noteren. Om actief te leren vindt u een **WOORDENBOEK** aan het einde van deze editie om uw kennis te controleren en uit te breiden. U kunt elke vertaling opzoeken en opschrijven, de woorden in de puzzel vinden en ze vervolgens aan uw woordenschat toevoegen!

3) TAG JE WOORDEN

Hebt u al geprobeerd een labelsysteem te gebruiken? U zou bijvoorbeeld de woorden die moeilijk te vinden waren kunnen markeren met een kruis, de woorden die u leuk vond met een ster, nieuwe woorden met een driehoek, zeldzame woorden met een ruit enzovoort...

4) ORGANISEER UW LEREN

Wij bieden ook een handig **NOTITIEBOEKJE** aan het eind van deze uitgave. Of u nu op vakantie, op reis of thuis bent, u kunt uw nieuwe kennis gemakkelijk ordenen zonder dat u een tweede notitieboek nodig hebt!

5) AFGESLOTEN?

Ga naar de bonussectie: **FINAAL UITDAGING** om een gratis spel te vinden dat aan het einde van deze editie wordt aangeboden!

Wil je meer leuke en leerzame activiteiten? Het is Snel en Eenvoudig!
Een hele collectie spelboeken slechts **één klik verwijderd!**

Vind uw volgende uitdaging bij:

BestActivityBooks.com/MijnVolgendeBoek

Klaar... Start!

Wist u dat er zo'n 7000 verschillende talen in de wereld zijn? Woorden zijn kostbaar.

We houden van talen en hebben hard gewerkt om de boeken van de hoogste kwaliteit voor u te maken. Onze ingrediënten?

Een selectie van onmisbare leerthema's, drie grote plakken plezier, dan voegen we er een lepel moeilijke woorden en een snuifje zeldzame woorden aan toe. We serveren ze met zorg en een maximum aan verrukking, zodat je de beste woordspelletjes kunt oplossen en veel plezier beleeft aan het leren!

Uw feedback is essentieel. U kunt een actieve bijdrage leveren aan het succes van dit boek door een recensie achter te laten. Vertel ons wat u het meest beviel in deze editie!

Hier is een korte link die u naar uw bestelpagina brengt:

BestBooksActivity.com/Recensies50

Bedankt voor uw hulp en veel plezier met het spel!

Linguas Classics

1 - Metingen

Щ	Ю	М	Ж	Л	Ц	Х	М	В	А	Г	И	П	Н
І	Н	Ш	Е	С	В	Щ	Е	А	Н	К	Р	М	П
Б	П	Л	І	Т	Р	В	Д	Г	С	Д	С	А	В
Н	А	Е	Ь	О	Р	И	Ґ	А	П	О	К	С	М
Д	Ю	Й	М	Н	Ц	С	Ш	И	Р	И	Н	А	Г
О	П	О	Т	Н	У	О	О	Ш	Р	Р	Ю	К	Л
В	І	Б	С	А	Н	Т	И	М	Е	Т	Р	І	И
Ж	Н	С	С	М	Ц	А	Х	Л	Щ	М	Ш	Л	Б
И	Т	Я	Ж	Н	І	О	В	Г	Ц	М	Т	О	И
Н	А	Г	Ц	М	Я	Б	И	Ю	В	Я	Е	Г	Н
А	С	Ь	Н	Г	К	І	Л	О	М	Е	Т	Р	А
П	Ф	Г	Ж	Ь	Б	Ґ	И	Ц	Ж	Г	Я	А	Д
К	Я	Х	Е	Е	А	И	Н	Ж	О	В	Ь	М	Я
Щ	Щ	Ж	Д	М	Ь	И	А	І	Ь	Ш	И	Б	К

ШИРИНА
БАЙТ
САНТИМЕТР
ГЛИБИНА
ВАГА
ГРАМ
ВИСОТА
ДЮЙМ
КІЛОГРАМ
КІЛОМЕТР

ДОВЖИНА
ЛІТР
МАСА
МЕТР
ХВИЛИНА
УНЦІЯ
ПІНТА
ТОННА
ОБСЯГ

2 - Keuken

```
С П Е Ц І Ї Л Р Є А Ю К А Т
Х Е Ґ О М М О Н Г Я П Н В Е
О Г Р И Л Ь Ж О Ь В Ї Ж А Д
Л Ц Т В Х К К Ж Ф А Р Т У Х
О Ч Ю Е Е Ь И І В И Л К И К
Д А Ч П Б Т Е Б Р Е Ц Е П Т
И Й А А А Г К Н Г Б К К Ц Я
Л Н Ш Л Ш Ш Ц А Л Я І Н Т Є
Ь И К И Г А Ж Т Е Т Б Ш С Ґ
Н К И Ч Є Н І Н Ч Ґ Ґ Е Щ Г
И К Ю К Ж Д Ж Ч И Є М Ч Я Ґ
К Ц Р А П С Ш Д К Г Л Е К Х
Є Т І М І М Ю Г У Б К А Є Т
Г Т П И Ч С Я Ц Л М И В Ю Г
```

ЧАШКИ	ПІЧ
ПАЛИЧКАМИ	ГЛЕК
ГРИЛЬ	РЕЦЕПТ
ЧАЙНИК	ФАРТУХ
ХОЛОДИЛЬНИК	СЕРВЕТКА
ЧАША	СПЕЦІЇ
ГЛЕЧИК	ГУБКА
ЛОЖКИ	ЇЖА
НОЖІ	ВИЛКИ

3 - Boten

М	Г	Я	О	А	Д	Р	Х	Ю	И	С	И	Л	Ґ
О	О	С	К	Д	Ґ	І	В	І	Т	Ж	Ж	Ь	А
Т	Ц	Р	С	І	Ш	Ч	И	Ч	Я	А	Є	И	Р
У	М	Є	С	І	Р	К	Л	Є	Г	І	Ю	О	Щ
З	О	Х	Ц	Ь	Д	А	І	К	Ь	Ф	Ч	Ж	О
К	Р	О	О	Е	К	І	П	А	Ж	Ь	У	Б	Г
А	Е	О	З	Є	Є	И	Е	Я	Г	Ш	К	У	Л
Д	Я	Ю	Е	Ф	О	Г	Й	К	Я	Х	Т	А	А
Ц	В	Х	Р	Д	К	Ф	О	Я	Я	П	Л	І	Т
Ч	Ґ	И	О	Т	Е	Д	К	А	Н	О	Е	Р	П
П	Ж	Ґ	Г	Ш	А	О	Ш	М	І	Р	Ш	М	Ж
К	О	Ц	О	У	Н	К	О	С	Ь	О	Е	В	Ж
Я	Я	А	К	Ф	Н	Б	У	Й	І	М	Т	И	Я
Є	М	О	Р	С	Ь	К	І	О	П	А	И	Є	Ц

ЯКІР
ЕКІПАЖ
БУЙ
ДОК
ХВИЛІ
ЯХТА
КАЯК
КАНОЕ
МОРСЬКИЙ
ЩОГЛА

ОЗЕРО
ДВИГУН
МОРСЬКІ
ОКЕАН
РІЧКА
МОТУЗКА
ПОРОМ
ПЛІТ
МОРЕ

4 - Chocolade

```
А  К  И  Н  К  С  Я  К  Ю  Ц  Р  П  С  Е
Р  Р  О  И  Ц  У  К  Е  Р  К  И  О  М  К
О  А  А  К  Ч  В  І  К  Д  Ц  Ж  Р  А  З
М  Н  Ц  Х  О  А  С  А  Т  П  Т  О  Ч  О
А  Т  У  К  І  С  Т  Л  Б  Ю  Ч  Ш  Н  Т
Т  И  К  А  Н  С  Ь  О  Б  Х  В  О  И  И
С  О  О  К  Г  Г  І  Р  К  И  Й  К  Й  Ч
О  К  Р  А  Р  Е  П  І  Г  С  М  А  К  Н
Л  С  І  О  Е  Я  У  Й  О  К  К  Ц  Н  І
О  И  Р  Г  Д  К  А  Р  А  М  Е  Л  Ь  Н
Д  Д  Щ  Ч  І  У  Л  Ю  Б  Л  Е  Н  И  Й
К  А  Б  О  Є  Р  Е  Ц  Е  П  Т  Щ  Є  Д
И  Н  Р  Я  Н  Ц  Є  Т  И  Є  Ю  Х  Д  Ґ
Й  Т  Е  В  Т  Є  Є  М  Р  М  Х  С  П  Ю
```

АНТИОКСИДАНТ	ЯКІСТЬ
ГІРКИЙ	АРАХІС
КАКАО	ПОРОШОК
КАЛОРІЙ	РЕЦЕПТ
ЕКЗОТИЧНІ	АРОМАТ
УЛЮБЛЕНИЙ	СМАК
СМАЧНИЙ	ЦУКЕРКИ
ІНГРЕДІЄНТ	ЦУКОР
КАРАМЕЛЬ	СОЛОДКИЙ
КОКОС	

5 - Tijd

```
О  Є  Щ  В  Ч  О  Р  А  Г  Х  Г  П  Н  Д
С  П  О  Т  Л  Н  Р  Ґ  О  В  О  О  І  Е
Ц  М  Р  А  Н  О  К  Г  І  И  Д  Л  Ч  С
К  К  І  Г  О  Д  И  Н  А  Л  И  У  К  Я
К  И  Ч  С  Ц  Р  С  У  В  И  Н  Д  Л  Т
М  М  Н  И  Я  М  А  Т  П  Н  Н  Е  Щ  И
А  П  И  Щ  Ц  Ч  Н  О  А  И  Н  Ф  Л
Й  І  Й  Б  В  Ґ  Ь  Г  Н  Л  К  Ь  Р  І
Б  С  Б  З  Ч  Ґ  Ч  Т  Д  І  І  П  І  Т
У  Л  К  А  Л  Е  Н  Д  А  Р  Й  Т  К  Т
Т  Я  А  Р  Ґ  Я  Ш  Е  У  Щ  Ш  В  Т  Я
Н  К  Ю  А  К  Е  Ґ  Н  Ф  І  Ш  Д  Х  Я
Є  Н  С  З  Є  Ь  С  Ь  О  Г  О  Д  Н  І
Ч  Щ  Ю  І  Т  И  Ж  Д  Е  Н  Ь  К  У  А
```

ДЕНЬ
ДЕСЯТИЛІТТЯ
СТОЛІТТЯ
ВЧОРА
РІК
ЩОРІЧНИЙ
КАЛЕНДАР
ГОДИННИК
МІСЯЦЬ
ПОЛУДЕНЬ

ХВИЛИНА
ПІСЛЯ
НІЧ
ЗАРАЗ
РАНОК
МАЙБУТНЄ
ГОДИНА
СЬОГОДНІ
РАННІЙ
ТИЖДЕНЬ

6 - Meditatie

```
Ю Ь Є А Т С П І В Ч У Т Т Я
Р Т Н Ш Ь О О Ш Ш І У Д С О
Д П Р И Р О Д А Ц Ж Л Ґ П Д
Ф И Н Р Н С Я С С К Ч Є О И
Щ И Е Р У Х К Ш Р Р П П С Х
Е А К Ш Л Г А Д О Б Р О Т А
М Г С Б Я Ь К У З Б И С Е Н
О У Ч Т М Т Ч М У Т Й Т Р Н
Ц В З У Я И Р К М Ш Н А Е Я
І А Ґ И Ф Ш Р И О Ю Я В Ж М
Ї Г П Е К А Ф К В І Т А Е Ґ
А А Х Ф Ф А Ь У И Д Т Б Н М
Я С Н І С Т Ь М Й П Я Р Н Ш
П Е Р С П Е К Т И В А П Я У
```

УВАГА
ПРИЙНЯТТЯ
ДИХАННЯ
РУХ
ПОДЯКА
ЕМОЦІЇ
ДУМКИ
ЩАСТЯ
ЯСНІСТЬ
ПОСТАВА

СПІВЧУТТЯ
РОЗУМОВИЙ
МУЗИКА
ПРИРОДА
СПОСТЕРЕЖЕННЯ
ПЕРСПЕКТИВА
ТИША
МИР
ДОБРОТА

7 - Zomer

```
Я  Щ  Ц  Ь  С  Х  С  Ь  К  И  І  Ю  Ч  В
В  Ґ  Ю  Ц  П  Г  Г  П  Е  Н  Ц  Б  Ф  Р
І  О  Х  Г  О  Х  П  Л  М  Я  И  О  Ч  О
Д  Е  Щ  Ґ  Г  Х  Л  А  П  А  Ц  Г  Р  З
П  У  Ю  Ч  А  Ф  Я  В  І  Є  І  Ш  И  С
У  Д  І  М  Д  Ї  Ж  А  Н  Д  Я  Г  Р  Л
С  Р  О  У  И  Т  Б  Т  Г  Я  Р  У  О  А
Т  У  Ю  З  І  Р  К  И  М  О  Р  Е  Д  Б
К  З  П  И  В  Р  А  Д  І  С  Т  Ь  И  Л
А  І  Ж  К  П  І  Р  Н  А  Н  Н  Я  Н  Е
Л  С  С  А  П  Т  Л  Ц  В  І  Т  П  А  Н
Х  О  А  Я  Ж  Е  Ь  Л  И  Д  Ф  Б  О  Н
С  А  Н  Д  А  Л  І  О  Я  И  Л  О  Ф  Я
П  О  Д  О  Р  О  Ж  У  В  А  Т  И  Д  Б
```

КНИГИ	ЗІРКИ
ПІРНАННЯ	ПЛЯЖ
РОДИНА	САД
СПОГАДИ	ВІДПУСТКА
ДІМ	ЇЖА
КЕМПІНГ	РАДІСТЬ
МУЗИКА	ДРУЗІ
РОЗСЛАБЛЕННЯ	ДОЗВІЛЛЯ
ПОДОРОЖУВАТИ	МОРЕ
САНДАЛІ	ПЛАВАТИ

8 - Vogels

Б	П	Г	У	С	К	А	П	А	П	У	Г	А	В
Є	А	І	А	В	М	У	Е	З	О	З	У	Л	Я
Т	В	Л	Н	Щ	Л	Е	Л	Е	К	А	Ш	Л	А
А	И	Е	Ф	Г	Щ	Т	І	Ю	Т	У	К	А	Н
Ф	Ч	Б	Л	О	В	Б	К	Т	Ж	Е	Р	В	Г
Ж	А	І	А	Р	Ю	І	А	Щ	Х	А	Д	К	Ь
Є	Й	Д	М	О	Я	Д	Н	Г	О	Л	У	Б	А
Є	К	К	І	Б	Н	У	В	О	Р	О	Н	А	О
С	А	А	Н	Е	С	Т	М	Ю	Ж	С	Г	Є	Х
Ш	Т	У	Г	Ц	К	А	Ч	К	А	О	Р	А	К
С	Е	Р	О	Ь	Ч	А	П	Л	Я	В	А	К	Г
Щ	Т	Д	А	У	Ш	Ц	С	С	Й	А	Ф	Ю	Д
Р	И	Ю	Ц	У	Ь	И	Е	Є	Ц	Л	Г	Т	А
І	Я	Т	П	Д	С	Ю	Є	О	Е	О	У	А	С

ГОЛУБ	ЛЕЛЕКА
КАЧКА	ПАПУГА
ЯЙЦЕ	ПАВИЧ
ФЛАМІНГО	ПЕЛІКАН
ГУСКА	ПІНГВІН
КУРКА	ЧАПЛЯ
ЗОЗУЛЯ	СТРАУС
ВОРОНА	ТУКАН
ЧАЙКА	СОВА
ГОРОБЕЦЬ	ЛЕБІДКА

9 - Wiskunde

```
Д П С И М Е Т Р І Я Г П О П
Ш Е А Ь Р Ф Ч Б Ф Д Е Л Б Х
П Х С Р А Д І У С І О О С П
Щ А М Я А С Ф Н У А М Щ Я Р
К Ш Р Е Т Л Т Я М М Е А Г Я
Б Ґ Б А И К Е Б А Е Т С П М
Ж Я О Е Л К О Л Б Т Р Ф Е О
А А С А Ь Е І В Ь Р І Е Р К
Я У Ц Р Ь Ш Л М И Н Я Р И У
С І О Н М О Л О Ф Й И А М Т
П О К А З Н И К Г Ф Щ Й Е Н
Т Р И К У Т Н И К Р К У Т И
А Р И Ф М Е Т И К А А А Р К
Р І В Н Я Н Н Я Г Л О М Х Ж
```

СФЕРА	ПАРАЛЕЛОГРАМ
ДЕСЯТКОВИЙ	ПРЯМОКУТНИК
ДІАМЕТР	АРИФМЕТИКА
ТРИКУТНИК	СУМА
ПОКАЗНИК	РАДІУС
ГЕОМЕТРІЯ	СИМЕТРІЯ
КУТИ	РІВНЯННЯ
ПЕРИМЕТР	ПЛОЩА
ПАРАЛЕЛЬНИЙ	ОБСЯГ

10 - Camping

```
П Р И Р О Д А Л Л Д Є Ю О Ь
Р К Г Г Ґ О І К І П М В Ь П
И О К А П Е Л Ю Х С О В В Я
Г М О М І С Я Ц Ь П Т В Щ П
О А П А Н А М Е Т П У В В У
Д Х А К Щ К Д Ц В О З Е Р О
А А М Р В И О Щ Х Л К К Т К
Н Щ Я Е Ґ Ґ Ц М Н Ю А А В А
Л І Х Т А Р В Г П В Г Р А Н
К А Б І Н А О О Ш А Е Т Р О
Д Е Р Е В А Г Р О Н С А И Е
Ю Я Д Л С Н О А О Н И Я Н Щ
Р Щ І Б Ц В Н Д С Я Ц Х Ш Ч
Є Ш К М Щ П Ь Х А Т Д Н Е Т
```

ПРИГОДА	ПОЛЮВАННЯ
ГОРА	КАРТА
ДЕРЕВА	КАНОЕ
ЛІС	КОМПАС
ВОГОНЬ	ЛІХТАР
КАБІНА	МІСЯЦЬ
ТВАРИН	ОЗЕРО
ГАМАК	ПРИРОДА
КАПЕЛЮХ	НАМЕТ
КОМАХА	МОТУЗКА

11 - Activiteiten

```
Ш Д І Я Л Ь Н І С Т Ь У С М
Ц И О Д І Х Ю Р Е М Е С Л А
С З Т Н А Ж Є Ь К П Ф К Ю Г
А А Ч Т Р В Т К Е О О Е Е І
Ф Г Д И Я Я Ц Х М Л Т Р Е Я
П А Х І Т З Ю Ю П Ю О А Л Д
М Д Ґ Г В А К Г І В Г М Ф В
В К Щ Р И Н Н Ю Н А Р І Н Є
Л И В И Р Н И Н Г Н А К А Л
Г И Ф Є М Я Х Ц Я Н Ф А В Т
Д О З В І Л Л Я Т Я І Ґ И А
Р И Б О Л О В Л Я В Я Ю Ч Н
М И С Т Е Ц Т В О І О Х К Ц
Р О З С Л А Б Л Е Н Н Я А І
```

ДІЯЛЬНІСТЬ
РЕМЕСЛА
В'ЯЗАННЯ
ТАНЦІ
ФОТОГРАФІЯ
ІГРИ
РИБОЛОВЛЯ
ПОЛЮВАННЯ
КЕМПІНГ
КЕРАМІКА

МИСТЕЦТВО
ЧИТАННЯ
МАГІЯ
ШИТТЯ
РОЗСЛАБЛЕННЯ
ЗАГАДКИ
САДІВНИЦТВО
НАВИЧКА
ДОЗВІЛЛЯ

12 - Vormen

В	П	В	Щ	Т	К	О	Л	О	Я	Ф	Ш	Я	Б
Т	С	Г	І	П	Е	Р	Б	О	Л	А	І	М	А
Р	Б	И	А	А	Л	И	У	С	Х	К	Ь	Щ	Г
И	Н	П	Е	Н	І	Д	Х	Г	І	Е	Ж	Ж	А
К	Д	Р	Ь	И	П	Ч	Е	Ґ	Л	Б	Г	Є	Т
У	Д	И	В	Б	С	Ф	Е	Р	А	И	М	Д	О
Т	Г	З	П	І	Р	А	М	І	Д	А	Й	У	К
Н	Ч	М	Н	К	К	О	Н	У	С	Ж	Є	Г	У
И	Щ	А	Л	І	Н	І	Я	Ж	С	Г	Ф	А	Т
К	Р	И	В	А	А	Ц	У	С	Е	Ф	Т	С	Н
П	Р	Я	М	О	К	У	Т	Н	И	К	У	П	И
К	У	Т	С	Е	У	Д	Н	П	Л	О	Щ	А	К
Д	У	Н	Ц	Ґ	Б	Ф	Є	Т	Ц	Б	Ю	А	Ґ
Ь	Є	Я	Г	В	А	Т	Ц	И	Л	І	Н	Д	Р

СФЕРА
ДУГА
ЦИЛІНДР
КОЛО
КРИВА
ТРИКУТНИК
КУТ
ГІПЕРБОЛА
БІК
КОНУС

КУБ
ЛІНІЯ
ЕЛІПС
ПІРАМІДА
ПРИЗМА
ПРЯМОКУТНИК
КРУГЛИЙ
БАГАТОКУТНИК
ПЛОЩА

13 - Astronomie

```
Е У А У Н І В М Р Д П Ж П А
И А Р І В Н О Д Е Н Н Я Л С
Г Е А С Т Р О Н О М К У А Т
К Б К Т Е Л Е С К О П Ц Н Е
О Є Е Ш Д М І С Я Ц Ь С Е Р
М Е Т Е О Р Є У У Ь Б В Т О
Е Х А К О С М О С З Я Т А Ї
Т У М А Н Н І С Т Ь І Х Щ Д
А В С Е С В І Т Ц З І Р К А
А С Т Р О Н А В Т Є Р Ц Я З
О Б С Е Р В А Т О Р І Я Щ Е
Я С Д Л Р А Д І А Ц І Я Ц М
С У П У Т Н И К Г Н Л Є Т Л
Г Р А В І Т А Ц І Я Є Ф І Я
```

ЗЕМЛЯ	ОБСЕРВАТОРІЯ
АСТЕРОЇД	ПЛАНЕТА
АСТРОНАВТ	РАКЕТА
АСТРОНОМ	СУПУТНИК
РІВНОДЕННЯ	ЗІРКА
КОМЕТА	СУЗІР'Я
КОСМОС	РАДІАЦІЯ
МІСЯЦЬ	ТЕЛЕСКОП
МЕТЕОР	ВСЕСВІТ
ТУМАННІСТЬ	ГРАВІТАЦІЯ

14 - Emoties

```
Д Є И Ь К Р С Ю П Н Б Ш С Б
Ц О Ь М І А М С Щ І Л Г Т Г
М В Б И Ж Д У П Ю Ж А В Р Ф
Л И Ф Р Ф І Т О Ж Н Ж Д А И
И Ю Г С О С О К Ф І Е Я Х Ф
Ш З Б П Р Т К І Х С Н Ч К Л
Ь М Н О Ф Ь А Й И Т С Н Л С
Ь І Ф К В Ц Ж Ю Ц Ь Т И Ц Ю
Е С П І В Ч У Т Т Я В Й Ь Р
Б Т Г Й І Л Р Я Ю А О Ь Ь П
В Б У Н Н У Д Ь Г А М О Є Р
Є І К И І Ю Х Т Т И Я Ф Б И
Ґ І Ж Й Д В П Д С К С Ю Б З
Ґ Ю И З А Д О В О Л Е Н И Й
```

СТРАХ	НІЖНІСТЬ
ВДЯЧНИЙ	ЗАДОВОЛЕНИЙ
СМУТОК	СЮРПРИЗ
БЛАЖЕНСТВО	НУДЬГА
ЗМІСТ	МИР
СПОКІЙНИЙ	РАДІСТЬ
ЛЮБОВ	ДОБРОТА
СПОКІЙ	ГНІВ
СПІВЧУТТЯ	

15 - Vakantie #2

П	У	І	П	Н	І	Р	Ц	Ґ	Ц	М	К	Г	С
Р	И	Н	Д	А	Ч	Н	Е	Ф	В	О	А	О	Х
И	Т	О	О	М	С	Я	О	С	Е	К	Р	Т	Ш
З	Р	З	З	Е	Е	П	Б	З	Т	Ь	Т	Е	В
Н	А	Е	В	Т	Л	М	О	Р	Е	О	А	Л	М
А	Н	М	І	В	І	З	А	Р	И	М	Р	Ь	Н
Ч	С	Н	Л	А	Ь	С	В	Я	Т	О	Е	А	Ш
Е	П	И	Л	А	Е	Р	О	П	О	Р	Т	Ц	Н
Н	О	Й	Я	Щ	Е	К	Е	М	П	І	Н	Г	Ь
Н	Р	П	О	Д	О	Р	О	Ж	Е	П	І	И	Щ
Я	Т	Г	Х	Д	Т	Ш	Р	Ч	П	И	В	А	О
Д	Н	П	Л	Я	Ж	Т	А	К	С	І	Т	М	Ж
Ч	П	Х	Ш	Б	Р	О	Н	Ю	В	А	Н	Н	Я
О	С	Т	Р	І	В	М	Ґ	Ф	І	С	И	Б	Ц

ПРИЗНАЧЕННЯ
ІНОЗЕМЕЦЬ
ІНОЗЕМНИЙ
ОСТРІВ
ГОТЕЛЬ
КАРТА
КЕМПІНГ
АЕРОПОРТ
ПАСПОРТ
ПОДОРОЖ

БРОНЮВАННЯ
РЕСТОРАН
ПЛЯЖ
ТАКСІ
НАМЕТ
СВЯТО
ТРАНСПОРТ
ВІЗА
ДОЗВІЛЛЯ
МОРЕ

16 - Weersomstandigheden

```
І Є А Ч Д Л І Д Д Т У М А Н
П О Л Я Р Н И Й П О С У Х А
А Т М О С Ф Е Р А Р В С М Х
Р Т В Е С Е Л К А Н О О А Т
Х Е В І Т Е Р В Т А Л Н Р Ґ
С М Д Ш Л Л Є Д Р Д О Б А П
Н П О В І Н Ь М О О Г Л У К
Л Е М О Л Ь В Ш П Н И И Р Р
П Р Б І И Ґ Е Є І К Й С А Ц
Т А Ю О Г У А Х Ч Р Р К Г Щ
Ґ Т Т Ґ Р Р Н П Н К Ґ А А Ч
Ф У Ф Ь С Є И Х И С Ф В Н Я
Р Р Б Р С Ш Ю М Й Х О К В Т
Ш А Ж Р В Ж В К Л І М А Т Ь
```

АТМОСФЕРА	ПОВІНЬ
БЛИСКАВКА	ПОЛЯРНИЙ
ГРИМ	ВЕСЕЛКА
ПОСУХА	БУР
НЕБО	ТЕМПЕРАТУРА
ЛІД	ТОРНАДО
КЛІМАТ	ТРОПІЧНИЙ
ТУМАН	ВОЛОГИЙ
МУСОН	ВІТЕР
УРАГАН	ХМАРА

17 - Strand

```
Ц В І Т Р И Л Ь Н И К Р А Б
Р І И Ґ Ш М П А О Д И Е С П
И У П І С О К Р Г Є С П А Ь
Ф З Ш П Л Е Н Б П У О Ґ Н О
И Б Х Н С Є Е В І Т Н П Д У
И Е Д Р И Г І К Н Ш Ц А А Ц
О Р О Д С К Ю М О Р Е Р Л Ь
К Е К В І Д П У С Т К А І С
Е Ж С Ч О В Е Н Т И І С У І
А Ж Д И Ю Ц Ґ Ж Р Ь І О Є Г
Н Я Ч Л Н А К М І Ц Я Л Ш Ж
А Ґ Я Я Є І В Ш В Б Н Ь Т А
Е Е Н Н К В Й К У Ю Ш К К М
П Л А В А Т И Л Х П И А Д Ю
```

СИНІЙ	ПАРАСОЛЬКА
ЧОВЕН	РИФ
ДОК	САНДАЛІ
ОСТРІВ	ВІДПУСТКА
РУШНИК	ПІСОК
КРАБ	МОРЕ
УЗБЕРЕЖЖЯ	ВІТРИЛЬНИК
ЛАГУНА	СОНЦЕ
ОКЕАН	ПЛАВАТИ

18 - Eten #2

```
С  А  Я  Ц  К  У  Г  Б  Д  М  Я  Й  Ц  Е
П  П  Н  Ц  К  Ф  М  А  Р  И  Ґ  Й  Л  Г
Щ  Е  А  А  Ч  Д  Ю  Н  Б  Г  И  О  Т  Щ
Ч  Р  М  Р  Н  Д  І  А  Р  Д  И  Г  Х  П
У  С  П  И  Ж  А  Б  Н  О  А  Т  У  К  Б
Б  И  А  Б  И  А  С  У  К  Л  Ь  Р  У  Ч
А  К  Р  А  К  І  В  І  О  Ь  Ґ  Т  Р  В
К  Я  Ж  С  П  А  Ш  Е  Л  Ш  И  Н  К  А
Л  Б  М  И  Д  Ш  М  Д  І  И  О  Я  А  И
А  Л  Є  Р  Л  Х  Е  П  О  М  І  Д  О  Р
Ж  У  Ш  И  Є  Л  У  Н  П  А  Ц  Л  Б  П
А  К  Ф  С  С  І  Г  В  И  Х  Т  В  С  Е
Н  О  И  О  Я  Б  М  В  Ш  Ц  Ш  Ц  Ц  П
В  И  Н  О  Г  Р  А  Д  Н  Ю  Я  А  У  В
```

МИГДАЛЬ	ШИНКА
АНАНАС	СИР
ЯБЛУКО	КУРКА
СПАРЖА	КІВІ
БАКЛАЖАН	ПЕРСИК
БАНАН	РИС
БРОКОЛІ	ПШЕНИЦЯ
ХЛІБ	ПОМІДОР
ВИНОГРАД	РИБА
ЯЙЦЕ	ЙОГУРТ

19 - Klimmen

```
С Ф Д Б Н Т Р А В М А Е О Ш
Т Ж І Н Г А Я Н Х Г Т Н И Т
А Р Ц З С И В У З Ь К И Й Ь
Б А С Ф И О Є Ч Ш О Р Т К Н
І Ф Ц Ц Л Ч П Т А Н Г Е А К
Л Є Д Д А П Н Щ Т Н В Ф Р А
Ь Е И С Щ М У И І Ч Н Ч Т У
Н П В И С О Т А Й Ш Ґ Я А Т
І Ю Е К С П Е Р Т Н Ж Г М Ж
С Х Ш Ч О Б О Т И Є П Х Л Т
Т О О Л Е Р У К А В И Ч К И
Ь Р Л Ч П Р О Б Л Е М И Ч П
К Є О Ц І К А В І С Т Ь Л Л
А Т М О С Ф Е Р А Ш Щ Ч Н Ч
```

АТМОСФЕРА	СИЛА
ЕКСПЕРТ	ЧОБОТИ
ФІЗИЧНИЙ	ТРАВМА
ПЕЧЕРА	ЦІКАВІСТЬ
РУКАВИЧКИ	НАВЧАННЯ
ШОЛОМ	ВУЗЬКИЙ
ВИСОТА	СТАБІЛЬНІСТЬ
КАРТА	ПРОБЛЕМИ

20 - Restaurant #1

```
Д М Щ Е І П У А К І Е Т Ф Е
Е П П Є Ґ Ґ Щ Л О Х В І Ц Н
С П Щ Ш Б С М Е Ф Ч А Ш А Б
Е Н П Ґ Щ Я Ф Р І І Ґ Х К Ц
Р Б Щ К Е Р Е Г Ц Я А Х К Х
Т Р И С Х Т Ч І І Ф Є Я У Ь
Г О С Т Р И Й Я А Я Ш М Ю І
І Н Г Р Е Д І Є Н Т И Е Ї Г
Е Ю І С Е Р В Е Т К А Н Ж Р
К В Ь Ж Х Є К Д К К Я Ю А М
Т А Р І Л К А Б А К У Х Н Я
Ь Н Я С І Х С С О У С Р Є С
В Н О Я Б П И К А В А Я К О
У Я В Ь Ь Ш Р К Д Л Ж Ь Л А
```

АЛЕРГІЯ	НІЖ
ТАРІЛКА	ГОСТРИЙ
ХЛІБ	БРОНЮВАННЯ
ІНГРЕДІЄНТИ	СОУС
КАСИР	ОФІЦІАНТКА
КУХНЯ	СЕРВЕТКА
КУРКА	ДЕСЕРТ
КАВА	М'ЯСО
ЧАША	ЇЖА
МЕНЮ	

21 - Geologie

```
С Ц К З Е М Л Е Т Р У С Г М
В Г А О К И С Л О Т А І Е І
Ь Я М Н Н Ь Б Р Є Б Щ Л Й Н
М Ь І А А Т В И А О С Ь З Е
У Г Н Д К Р И С Т А Л И Е Р
К Ш Ь Є В К К Н І Л Ь Я Р А
П Е Ч Е Р А О Ь Е Д Ч А А Л
У Л Ь Ч Ь Л П Є Р Н Б Є Л И
К В А Р Ц Ь Н Ш О Г Т Н А В
Н С Н Т Щ Ц И Ю З Д Ш Б В Л
С С Щ Ц О І Й А І І І Г А М
Ф И Л Ж В Й Ш Ю Я П Ш Р Е Ь
А Е Ж А К С Т А Л А К Т И Т
В У Л К А Н А Х Р Є Н М Ь Е
```

ЗЕМЛЕТРУС	ЛАВА
КАЛЬЦІЙ	МІНЕРАЛИ
КОНТИНЕНТ	ПЛАТО
ЕРОЗІЯ	СТАЛАКТИТ
ВИКОПНИЙ	КАМІНЬ
ГЕЙЗЕР	ВУЛКАН
ПЕЧЕРА	ЗОНА
КРИСТАЛИ	СІЛЬ
КВАРЦ	КИСЛОТА
ШАР	

22 - Specerijen

```
У  В  К  М  И  Н  Д  Ш  А  Ф  Р  А  Н  С
С  О  Л  О  Д  К  И  Й  Н  У  И  С  Т  І
Ж  С  Є  Ш  Р  В  Л  М  І  М  Б  И  Р  Л
Я  І  Ґ  Л  К  І  О  В  С  Я  І  Є  П  Ь
Г  И  Р  С  А  У  А  Т  Ш  Е  Д  Х  О  К
Ч  В  К  Н  Р  І  Р  Н  І  Є  У  Ґ  Є  А
А  А  О  Ч  Р  Р  Л  К  Д  І  Щ  Г  П  Р
С  Н  Р  З  І  Н  Ж  І  У  Р  Н  І  Е  Д
Н  І  И  Н  Д  Е  Д  Ф  М  М  Ґ  Р  Р  А
И  Л  Ц  В  Ц  И  Б  У  Л  Я  А  К  Е  М
К  І  Я  Ю  О  Н  К  Л  Д  Д  Н  И  Ц  О
П  А  П  Р  И  К  А  А  Є  Ж  Ч  Й  Ь  Н
Ф  Е  Н  Х  Е  Л  Ь  А  Р  О  М  А  Т  І
Щ  Е  І  Ь  Т  Ь  Ш  Ч  В  Щ  Х  Р  П  И
```

АНІС	КУРКУМА
ГІРКИЙ	ПАПРИКА
ІМБИР	ПЕРЕЦЬ
КОРИЦЯ	ШАФРАН
КАРДАМОН	АРОМАТ
КАРРІ	ЦИБУЛЯ
ЧАСНИК	ВАНІЛІ
КМИН	ФЕНХЕЛЬ
КОРІАНДР	СОЛОДКИЙ
ГВОЗДИКА	СІЛЬ

23 - Groenten

Ш	Г	Б	А	К	Л	А	Ж	А	Н	Ф	Г	И	О
П	М	О	Р	К	В	А	Ш	Ц	Є	Щ	А	Е	Л
И	Б	Щ	Р	К	С	Б	Р	Ш	И	О	Р	Я	И
Н	Р	Ч	І	О	Г	Г	Я	Т	М	Б	Б	І	В
А	О	И	П	П	Х	К	С	О	И	Г	У	К	К
Т	К	М	А	Х	Д	Ч	А	Х	Ґ	Ш	З	Л	А
П	О	Г	Ф	Щ	Т	Е	Л	Б	С	Е	О	Р	Я
О	Л	Ш	У	Б	У	Ч	А	С	Н	И	К	К	Щ
М	І	М	Б	И	Р	О	Т	С	Е	Л	Е	Р	А
І	Ш	А	Л	О	Т	Г	У	Ц	Г	С	Ж	Б	Ш
Д	П	Е	Н	Р	Ц	І	Є	К	Р	О	Б	А	Є
О	Р	М	О	К	Ч	Р	Е	Д	И	С	Л	И	Л
Р	Ч	Ж	І	Б	Ж	О	Ш	Ш	Б	Є	Р	И	Ч
П	Е	Т	Р	У	Ш	К	А	О	Ь	Т	Ь	Б	Я

АРТИШОК	ГАРБУЗ
БАКЛАЖАН	РІПА
БРОКОЛІ	РЕДИС
ГОРОХ	САЛАТ
ІМБИР	СЕЛЕРА
ЧАСНИК	ШАЛОТ
ОГІРОК	ШПИНАТ
ОЛИВКА	ПОМІДОР
ГРИБ	ЦИБУЛЯ
ПЕТРУШКА	МОРКВА

24 - Dans

К	У	Л	Ь	Т	У	Р	А	У	Г	А	Е	Ь	Р
Х	О	Р	Е	О	Г	Р	А	Ф	І	Я	М	Т	А
К	У	Л	Ь	Т	У	Р	Н	И	Й	Д	О	Р	Д
Т	Ж	М	Ь	Н	О	Б	Б	Ю	Я	О	Ц	А	І
І	Х	Р	Е	М	Ц	Л	Д	Р	Ш	Ц	І	Д	С
Л	П	Е	В	И	Р	А	З	Н	И	Й	Я	И	Н
О	К	П	Т	С	П	Г	М	М	Ж	Я	Ф	Ц	И
Ш	Л	Е	Б	Т	Ґ	О	П	Н	М	Р	Ь	І	Й
Р	И	Т	М	Е	Ь	Д	С	А	Б	Ц	Л	Й	Р
У	О	И	Ґ	Ц	Н	А	Д	Т	Р	Ь	Н	Н	Е
Х	Ю	Ц	В	Т	Є	Т	Х	В	А	Т	Г	И	М
Ь	Т	І	Ф	В	Ш	Ь	Д	Т	П	В	Н	Й	Ц
Ц	Д	Я	Ю	О	Ж	М	У	З	И	К	А	Е	К
К	Л	А	С	И	Ч	Н	И	Й	Г	Н	М	Г	Р

РУХ
РАДІСНИЙ
ХОРЕОГРАФІЯ
КУЛЬТУРНИЙ
КУЛЬТУРА
ЕМОЦІЯ
ВИРАЗНИЙ
БЛАГОДАТЬ
ПОСТАВА

КЛАСИЧНИЙ
МИСТЕЦТВО
ТІЛО
МУЗИКА
ПАРТНЕР
РЕПЕТИЦІЯ
РИТМ
ТРАДИЦІЙНИЙ

25 - Sport

Б	П	Щ	Ч	Н	Т	Е	Н	І	С	П	Я	Б	С
А	Е	Є	У	Ґ	Р	У	Х	Г	О	Л	Ь	Ф	К
С	Р	С	Щ	Ч	Е	М	П	І	О	Н	А	Т	Ю
К	Е	Г	Ю	П	Н	Б	Я	М	С	Н	В	Р	Я
Е	М	Г	І	Ґ	Е	П	Р	Н	Т	Г	Е	Г	П
Т	О	В	С	М	Р	К	Л	А	А	Х	Л	Р	В
Б	Ж	О	П	Б	Н	Б	К	З	Д	О	О	А	К
О	Е	А	О	Е	П	А	Ф	І	І	К	С	В	О
Л	Ц	Н	Р	Й	Л	Н	С	Я	О	Е	И	Е	М
А	Ь	І	Т	С	А	Я	У	Т	Н	Й	П	Ц	А
Ґ	І	Г	С	Б	В	Є	Д	К	И	Ґ	Е	Ь	Н
Ц	Ц	Р	М	О	А	О	Д	Ж	О	К	Д	Р	Д
У	Ч	А	Е	Л	Т	С	Я	Ц	Х	Ч	А	Є	А
В	Н	И	Н	О	И	О	М	Ш	О	Ш	Т	Щ	Н

СПОРТСМЕН
БАСКЕТБОЛ
РУХ
ВЕЛОСИПЕД
ГОЛЬФ
ГІМНАЗІЯ
ГІМНАСТИКА
ХОКЕЙ
БЕЙСБОЛ
ЧЕМПІОНАТ

СУДДЯ
ГРА
ГРАВЕЦЬ
СТАДІОН
КОМАНДА
ТЕНІС
ТРЕНЕР
ПЕРЕМОЖЕЦЬ
ПЛАВАТИ

26 - Mythologie

```
Р  А  М  К  Ч  Л  Я  М  Н  М  Х  І  С  П
Е  Р  В  О  Ї  Н  А  П  Ж  Л  В  С  Х  О
В  Х  Г  Ф  Н  Ю  Д  Б  У  Н  М  Т  Л  М
Н  Е  Е  Р  О  С  Ч  О  І  Ф  А  О  В  С
О  Т  Р  К  І  А  Т  Ж  Ш  Р  І  Т  Х  Т
Щ  И  О  У  Г  М  Ч  Р  Ч  Ю  И  А  Е  А
І  П  Й  Л  Е  Ь  Ґ  Л  Е  Г  Е  Н  Д  А
Л  К  Ф  Ь  Р  Н  Е  Б  О  Х  Ц  Б  Т  У
М  Е  С  Т  О  П  О  В  Е  Д  І  Н  К  А
С  А  К  У  Ї  С  Т  В  О  Р  Е  Н  Н  Я
Ш  И  А  Р  Н  И  С  М  Е  Р  Т  Н  И  Й
В  Б  А  А  Я  Л  Н  К  Х  Ц  Ж  Ґ  И  Е
Б  Л  И  С  К  А  В  К  А  І  Е  Х  Я  Р
Б  Д  Б  Є  И  Т  Я  Л  И  Х  О  С  Є  Р
```

АРХЕТИП	РЕВНОЩІ
БЛИСКАВКА	СИЛА
СТВОРЕННЯ	ВОЇН
КУЛЬТУРА	ЛЕГЕНДА
ГРІМ	МОНСТР
ЛАБІРИНТ	ЛИХО
ПОВЕДІНКА	СМЕРТНИЙ
ГЕРОЙ	ІСТОТА
ГЕРОЇНЯ	ПОМСТА
НЕБО	

27 - Eten #1

П	В	Б	Л	С	І	Ч	Ч	Л	К	Я	Б	Є	Щ
У	Ь	У	Б	А	Ь	В	В	А	С	И	Л	Ь	С
С	К	Ь	А	Л	П	Я	Є	Є	С	К	А	Х	І
Р	Ю	Ш	Х	А	О	Я	Г	Ґ	Ц	Н	О	Ю	К
О	Ц	Е	П	Т	Л	Ч	О	В	У	У	И	Х	Т
А	И	Н	Ф	Ю	У	М	О	Р	К	В	А	К	Ф
П	Б	Г	Р	Щ	Н	І	О	М	О	Л	О	К	О
В	У	Р	Ш	П	И	Н	А	Т	Р	Ш	С	О	Ж
И	Л	У	И	Ш	Ц	Ь	Л	И	М	О	Н	Р	С
Ф	Я	Ш	М	К	Я	А	Р	А	Х	І	С	И	Т
С	Ч	А	Е	Ж	О	Я	И	Ю	И	Ґ	М	Ц	Ґ
Т	У	Н	Е	Ц	Ь	С	Ч	Т	Б	В	Я	Я	Г
В	Х	П	У	Ь	И	У	А	Ґ	Ч	І	С	Н	У
С	І	Л	Ь	Ф	У	Н	Є	Л	О	Т	О	П	Ж

ПОЛУНИЦЯ
АБРИКОС
ВАСИЛЬ
ЛИМОН
ЯЧМІНЬ
КОРИЦЯ
ЧАСНИК
МОЛОКО
ГРУША
АРАХІС

САЛАТ
СІК
СУП
ШПИНАТ
ЦУКОР
ТУНЕЦЬ
ЦИБУЛЯ
М'ЯСО
МОРКВА
СІЛЬ

28 - Avontuur

Р	П	Е	Х	П	Ш	А	Н	С	С	Б	Б	П	Е
І	Р	Е	С	Т	І	Н	О	В	И	Й	Е	Р	К
П	О	Є	Н	Ц	Ш	Д	Р	У	З	І	З	И	С
Ь	Б	П	Ж	Т	К	К	Г	Н	Ц	Ш	П	Р	К
Н	Л	Р	К	Ц	У	Л	К	О	Ю	С	Е	О	У
Т	Е	И	М	М	Ф	З	Ж	К	Т	Г	К	Д	Р
Р	М	З	Ч	С	Ц	Я	І	Р	Д	О	А	А	С
У	И	Н	В	Ч	В	Р	Р	А	Е	У	В	Ц	І
Д	Х	А	И	И	Ц	У	А	С	З	Д	Ф	К	Я
Н	П	Ч	Т	Т	Ч	Щ	Ж	А	О	М	М	І	А
І	Л	Е	Ґ	Т	У	А	Р	А	Д	І	С	Т	Ь
С	Р	Н	П	Ґ	Л	Е	Й	Ь	І	Х	А	В	Ю
Т	І	Н	Д	І	Я	Л	Ь	Н	І	С	Т	Ь	М
Ь	И	Я	Х	О	Р	О	Б	Р	І	С	Т	Ь	Д

ДІЯЛЬНІСТЬ	НОВИЙ
ПРИЗНАЧЕННЯ	НЕЗВИЧАЙНІ
ЕНТУЗІАЗМ	КРАСА
ЕКСКУРСІЯ	ПРОБЛЕМИ
ШАНС	БЕЗПЕКА
ХОРОБРІСТЬ	ПІДГОТОВКА
ТРУДНІСТЬ	РАДІСТЬ
ПРИРОДА	ДРУЗІ

29 - Circus

Д	Г	К	А	К	Р	О	Б	А	Т	Г	Т	Р	И
О	Е	Х	Л	Т	В	Г	Ь	Я	Н	Л	И	О	Ґ
Ж	У	Р	Я	О	Я	И	Ш	У	Н	Я	Г	З	Ю
Г	Д	М	П	С	У	П	Т	Щ	Ш	Д	Р	В	П
Ю	К	Т	А	Л	Т	Н	Т	О	Р	А	С	А	О
М	Ш	Ф	К	О	С	Т	Ю	М	К	Ч	К	Ж	К
Д	Н	І	Е	Н	М	А	Г	А	А	О	О	А	А
Т	В	А	Р	И	Н	Ь	Е	В	Х	Г	Ч	Т	З
Ж	О	Н	Г	Л	Е	Р	І	П	І	В	І	И	А
В	П	А	Р	А	Д	Н	О	А	П	С	Т	Я	Т
Щ	Ж	М	М	У	З	И	К	А	Б	Ш	Х	Ч	И
У	У	Е	Ц	У	К	Е	Р	К	И	О	Т	Т	Ю
Г	Є	Т	Г	Н	И	П	Ш	У	Ф	С	В	Х	Щ
С	Н	Ч	Б	Я	Х	Х	Л	Л	Е	В	Г	Ч	П

МАВПА
АКРОБАТ
КЛОУН
ТВАРИН
МАГ
ЖОНГЛЕР
КВИТОК
КОСТЮМ
ПОКАЗАТИ
ЛЕВ

МАГІЯ
МУЗИКА
СЛОН
ПАРАД
ЦУКЕРКИ
НАМЕТ
ТИГР
ГЛЯДАЧ
РОЗВАЖАТИ

30 - Restaurant #2

```
Ж  Я  Я  І  Н  Ь  Т  Ь  К  С  Л  Ж  П  К
Ф  Р  У  К  Т  Я  Й  Ц  Я  М  О  Щ  Щ  Р
С  К  У  Л  О  К  Ш  И  Н  А  Ж  И  Г  І
У  А  Т  Е  Р  И  Б  А  Ц  Ч  К  Е  И  С
П  Ч  Л  Ш  Т  Я  Р  Л  Щ  Н  А  И  Я  Л
Ш  Т  Е  А  О  В  О  Ч  І  И  А  С  Б  О
В  О  Д  А  Т  Г  С  Ю  Ш  Й  К  П  Ц  Т
Х  Е  О  Ф  І  Ц  І  А  Н  Т  Ж  Е  І  К
Ь  Ц  Ч  Ь  Д  Є  Л  М  Ш  Є  Е  Ц  М  Й
Щ  Я  М  Е  К  Г  Ґ  У  І  К  І  В  О
Н  С  Ь  О  Р  П  Х  Щ  Х  Л  Ю  Ї  И  Я
Ш  О  Б  І  Д  Я  Г  Т  Ш  Ь  Є  Р  Л  Н
О  Х  Н  М  Л  І  Д  Ж  П  Ц  Я  Р  К  К
Е  Ф  С  И  К  Л  Є  П  И  В  І  П  А  Ч
```

ТОРТ	ЛОКШИНА
ВЕЧЕРЯ	ОФІЦІАНТ
НАПІЙ	САЛАТ
ЯЙЦЯ	СУП
ФРУКТ	СПЕЦІЇ
ОВОЧІ	КРІСЛО
СМАЧНИЙ	РИБА
ЛІД	ВИЛКА
ЛОЖКА	ВОДА
ОБІД	СІЛЬ

31 - Bijen

С	П	Р	Ь	А	Т	Б	Е	К	И	І	Р	Н	Ф
О	И	А	О	Ц	В	Г	Ґ	О	Я	М	І	Б	У
Е	С	У	Ц	С	Ц	Н	Є	М	Е	Д	Й	Ю	Ш
К	А	О	И	Д	Л	П	Х	А	Е	И	А	М	У
О	Д	Е	Н	Г	Б	И	Д	Х	П	М	І	З	Л
С	Ю	Я	О	Ц	Д	Л	Н	А	Ь	Ї	Ж	А	Б
И	В	І	С	К	Е	О	С	И	Д	Є	О	П	О
С	А	Ц	Ш	В	Ґ	К	І	В	Б	Ж	А	И	Ь
Т	К	О	Р	О	Л	Е	В	А	Є	Е	Я	Л	Ь
Е	Ф	Е	Ґ	П	Я	Щ	К	И	Б	Ґ	Г	Ь	Ж
М	Н	Ю	Ь	А	Ц	Л	Р	В	Т	Ш	Д	Н	Х
А	Ц	В	І	Т	Д	В	И	Г	І	Д	Н	И	Й
В	Р	Ф	Р	У	К	Т	Л	И	М	Т	Ч	К	Н
О	Б	Ь	Е	Щ	Д	Ф	А	В	У	Л	И	К	Ж

ЗАПИЛЬНИК
ВУЛИК
КВІТИ
ЦВІТ
ЕКОСИСТЕМА
ФРУКТ
МЕД
КОМАХА
КОРОЛЕВА
РОСЛИНИ

ДИМ
ПИЛОК
САД
КРИЛА
ЇЖА
ВИГІДНИЙ
ВІСК
СОНЦЕ
РІЙ

32 - School #1

```
Х  В  Т  Ж  Ь  Ч  Г  А  Л  К  С  Ф  І  К
Г  Е  Ж  Т  Щ  К  Р  І  С  Л  О  Б  І  Д
Ш  Б  Е  Р  Щ  У  Н  Х  П  А  П  І  Р  М
Т  Д  Р  У  З  І  І  И  Т  С  И  С  Ф  А
Н  І  І  Ч  П  П  М  Ґ  Г  П  С  П  У  Т
П  А  П  К  И  Б  Ш  Т  Є  И  А  И  В  Е
В  Т  Ф  И  Ц  Ш  Ю  Д  Ч  П  Т  Т  І  М
О  Ч  Н  Е  О  Ю  Р  Р  Б  П  И  И  Д  А
Ж  Щ  И  В  Е  С  Е  Л  О  Щ  І  Г  П  Т
О  Л  Б  Т  В  М  А  Р  К  Е  Р  И  О  И
К  Я  Ь  Г  Е  О  Л  І  В  Е  Ц  Ь  В  К
Ш  Щ  Б  І  Б  Л  І  О  Т  Е  К  А  І  А
Г  Є  Н  Б  У  Ф  Ь  Е  Ц  Р  І  Ч  Д  Р
В  В  Б  Ж  Г  Е  Щ  А  Л  Ф  А  В  І  Т
```

АЛФАВІТ	МАРКЕРИ
ВІДПОВІДІ	ПАПІР
БІБЛІОТЕКА	РУЧКИ
КНИГИ	ВЕСЕЛОЩІ
БЮРО	ОЛІВЕЦЬ
ІСПИТИ	ПИСАТИ
КЛАС	КРІСЛО
ВЧИТЕЛЬ	ДРУЗІ
ОБІД	МАТЕМАТИКА
ПАПКИ	

33 - Wandelen

С	Л	В	Д	В	Ц	Ш	П	Ь	К	Р	П	І	Ю
Т	І	Т	О	В	Л	Щ	А	Х	Е	О	І	Х	И
Х	Ч	О	Б	О	Т	И	Р	Ф	М	Р	Д	Т	Б
К	А	М	Е	Н	І	Н	К	Ь	П	І	Г	В	В
Ю	К	И	Ю	Х	Л	Е	И	Ф	І	Є	О	А	О
Ж	М	В	Є	Ю	Н	Б	Щ	Г	Н	Н	Т	Ж	Д
П	Є	С	О	Н	Ц	Е	Т	В	Г	Т	О	К	А
Г	Р	Я	Ц	Р	П	З	Н	К	А	А	В	И	Ґ
Ш	О	И	Я	Ф	О	П	Т	Я	Л	Ц	К	Й	Є
Ц	С	Р	Р	Я	Г	Е	В	Г	Є	І	А	Щ	Ц
Х	Є	Т	А	О	О	К	А	Є	К	Я	М	Е	К
К	А	Р	Т	А	Д	И	Р	Ж	Ж	Ь	Х	А	Р
С	А	М	І	Т	А	А	И	Д	И	К	И	Й	Т
Ь	Ц	Щ	О	Ж	Е	М	Н	Я	Л	Ь	Я	Н	Щ

ГОРА
ТВАРИН
НЕБЕЗПЕКИ
КАРТА
КЕМПІНГ
КЛІМАТ
ЧОБОТИ
ВТОМИВСЯ
ПРИРОДА
ОРІЄНТАЦІЯ

ПАРКИ
КАМЕНІ
САМІТ
ПІДГОТОВКА
ВОДА
ПОГОДА
ДИКИЙ
СОНЦЕ
ВАЖКИЙ

34 - Installaties

```
Л  И  С  Т  Р  А  В  К  В  І  Т  К  А  Р
Т  І  И  В  Ж  С  О  Ф  П  Т  Ш  А  Є  О
Я  О  С  А  Д  Н  Ш  Д  Ш  Р  Ч  К  У  С
Ґ  Д  Е  Ш  Г  Н  Л  С  Ю  А  П  Т  К  Л
Ф  Л  О  Р  А  Е  Н  С  Е  В  Л  У  О  И
Р  К  В  Б  А  М  Б  У  К  А  Ю  С  В  Н
Ґ  Ю  К  О  Р  Л  Ґ  Р  Ґ  Ю  Щ  Н  П  Н
Ф  Ґ  Д  Т  Ґ  И  К  У  Щ  Ж  Д  Г  Х  І
Н  Д  Т  А  Х  С  В  П  И  Ш  Е  Р  М  С
Р  Н  А  Н  О  Т  Р  О  Н  Є  Р  І  М  Т
Ш  І  Г  І  Д  Я  Г  О  Д  А  Е  Ж  У  Ь
В  Ґ  У  К  О  Р  І  Н  Ь  Г  В  М  Ф  Т
Е  К  Ф  А  А  Р  Г  Д  Ф  К  О  Р  О  Я
Х  В  Ґ  К  В  А  С  О  Л  Я  Ф  К  Б  Х
```

БАМБУК	ТРАВА
ЯГОДА	ПЛЮЩ
ЛИСТ	ТРАВ
КВІТКА	ДОБРИВО
ДЕРЕВО	МОХ
КВАСОЛЯ	БОТАНІКА
ЛІС	КУЩ
КАКТУС	САД
ФЛОРА	РОСЛИННІСТЬ
ЛИСТЯ	КОРІНЬ

35 - School #2

```
Р  Ю  В  А  К  А  Д  Е  М  І  Ч  Н  И  Й
У  Н  И  С  Л  О  В  Н  И  К  А  Ф  Н  А
Ч  Х  Х  Б  Б  О  К  Н  И  Г  И  У  А  Р
К  Б  І  Б  Л  І  О  Т  Е  К  А  М  У  Ю
И  С  Д  П  Б  Е  М  С  Щ  Ь  Ґ  А  К  К
М  Ґ  Н  В  Е  Щ  П  Р  В  Ь  П  Т  А  З
Х  Т  І  Ґ  К  А  Ю  І  М  І  Ю  Е  Ц  А
Л  І  Т  Е  Р  А  Т  У  Р  А  Т  М  Щ  К
В  З  У  Т  Т  Я  Е  П  Я  В  Ю  А  І  Ш
Ь  Н  П  О  И  Ш  Р  А  Г  Т  Р  Т  Л  У
В  Ч  И  Т  Е  Л  Ь  П  Н  О  Ж  И  Ц  І
О  Л  І  В  Е  Ц  Ь  І  Е  Б  У  К  Щ  Ф
К  А  Л  Е  Н  Д  А  Р  Ж  У  К  А  Ч  У
Г  Р  А  М  А  Т  И  К  А  С  М  Г  О  Б
```

АКАДЕМІЧНИЙ	ПАПІР
БІБЛІОТЕКА	РУЧКИ
КНИГИ	ОЛІВЕЦЬ
АВТОБУС	РЮКЗАК
КОМП'ЮТЕР	НОЖИЦІ
ГРАМАТИКА	ВЗУТТЯ
КАЛЕНДАР	ВИХІДНІ
ВЧИТЕЛЬ	НАУКА
ЛІТЕРАТУРА	МАТЕМАТИКА
ОСВІТА	СЛОВНИК

36 - Oceaan

```
К Ч І Р Х Ц М Є Є Н Ь Е Ж Е
В О Д О Р О С Т Е Й Ж Е І Б
Д В Р Ц И Ч Е Р Е П А Х А Є
Р Е Р А Ф С Ч Ж Ґ Д Г М Ч Р
В Н Л И Л К Я І С М Б Е І О
П Д Я Ь Б О Ф Д Г Д У Д І Ц
Р Ґ Щ С Ф А В У Г О Р У К Ф
И Х Л Я В І К И Т Ф Я З Р А
П Ш У Н Р Ч Н Л Й Ц Р А А Т
Л Ж Я Т У Н Е Ц Ь К В Щ Б А
И У С Т Р И Ц Я Ч Ш Д А Ю К
В О С Ь М И Н І Г У Б К А У
И С І Л Ь Ж І Н Ф М Д Я Н Л
І О И С К Р Е В Е Т К И Г А
```

ВУГОР	ВОСЬМИНІГ
ВОДОРОСТЕЙ	УСТРИЦЯ
ЧОВЕН	РИФ
ДЕЛЬФІН	ЧЕРЕПАХА
КРЕВЕТКИ	ГУБКА
ПРИПЛИВИ	БУРЯ
АКУЛА	ТУНЕЦЬ
КОРАЛОВИЙ	РИБА
КРАБ	КИТ
МЕДУЗА	СІЛЬ

37 - Landen #2

У	Н	К	Н	М	Д	М	Ц	В	Д	Е	Ґ	Г	Б
Г	Р	Е	Я	Т	Ш	А	Т	Я	Ь	И	Ґ	Ш	М
А	С	Н	П	Я	К	Л	І	Б	Е	Р	І	Я	Д
Н	О	І	О	А	І	А	В	Т	Я	Ю	Я	А
Д	М	Я	Н	Н	Л	Й	І	Ь	Х	Щ	Л	Х	Н
А	А	Р	І	Д	Я	З	Г	Р	Е	Ц	І	Я	І
Ф	Л	Х	Я	Е	Ф	І	О	П	І	Я	В	Е	Я
Ф	І	Ж	І	Г	Т	Я	Р	П	Е	В	А	Н	С
Р	О	С	І	Я	Ю	Н	Л	Л	Н	У	Н	І	И
А	М	Е	К	С	И	К	А	Е	А	Ч	Ж	Г	Р
Н	Е	У	К	Р	А	Ї	Н	А	Л	Н	Є	Е	І
Ц	Х	П	Щ	И	Ж	С	Ц	Е	А	Г	Д	Р	Я
І	Н	Д	О	Н	Е	З	І	Я	О	Ю	Г	І	В
Я	Ь	А	С	Ч	Д	Н	С	О	С	Х	К	Я	Я

ДАНІЯ
ЕФІОПІЯ
ФРАНЦІЯ
ГРЕЦІЯ
ІРЛАНДІЯ
ІНДОНЕЗІЯ
ЯПОНІЯ
КЕНІЯ
ЛАОС
ЛІВАН

ЛІБЕРІЯ
МАЛАЙЗІЯ
МЕКСИКА
НЕПАЛ
НІГЕРІЯ
УГАНДА
УКРАЇНА
РОСІЯ
СОМАЛІ
СИРІЯ

38 - Bloemen

```
Г Е Р Б Р Ф О Я П Д Г Г П У
Г Ж О Л У Ґ Х М Е Е Д А Л Ф
І Ь М А І З П Р Л Т Ш Р Ю Б
Б Ь А С Ю Л О П Ю Т М Д М Ш
І К Ш М А К І К С Ю А Е Е С
С О К О Ь Л Ж Я Т Л Г Н Р П
К Ж А С М И Н Ю К Ь Н І І І
У Б У К Е Т Л Ф А П О Я Я В
С Б К У Л Ь Б А Б А Л Т Ч О
С О Н Я Ш Н И К В Н І С Ь Н
И Д К О Н Ю Ш И Н А Я Н И І
М Т Щ Б Р Н Т Р О Я Н Д А Я
П Х Ч Ю У К Б О Р Х І Д Е Я
Х У Е Ь А Т П Ш Т Г К Д А И
```

ПЕЛЮСТКА	МАГНОЛІЯ
БУКЕТ	ОРХІДЕЯ
ГАРДЕНІЯ	КУЛЬБАБА
ГІБІСКУС	МАК
ЖАСМИН	ПІВОНІЯ
КОНЮШИНА	ПЛЮМЕРІЯ
ЛАВАНДА	ТРОЯНДА
ЛІЛІЯ	ТЮЛЬПАН
БУЗОК	СОНЯШНИК
РОМАШКА	

39 - Huisdieren

Я	І	В	І	Б	Т	Ф	Б	Т	Д	Ґ	І	Л	І
Щ	Ф	К	О	М	І	Р	В	К	О	Р	О	В	А
І	Е	Т	К	І	Я	І	К	Г	Т	Р	Ч	Ь	В
Р	К	К	М	Р	И	Б	А	Ю	С	Ш	Ї	Ж	А
К	Д	І	И	Щ	Т	Ч	Л	А	П	И	Б	Ч	Х
А	Х	У	Ш	К	О	З	А	Ц	М	О	Б	Е	В
П	Е	С	А	К	К	Р	О	Л	И	К	Л	Р	І
А	Л	Щ	Г	У	А	К	О	Ш	Е	Н	Я	Е	С
П	Р	Ц	Ч	Ч	Ь	В	О	Ф	Ю	Т	Ф	П	Т
У	Ь	Р	У	В	Щ	Щ	К	Ю	В	П	Л	А	Л
Г	Ц	Ч	Ю	Ц	П	И	Ц	У	Г	О	У	Х	К
А	Л	А	П	Р	Е	Х	О	М	Я	К	Д	А	Н
В	Е	Т	Е	Р	И	Н	А	Р	Р	Є	І	А	Д
П	Ь	Ц	И	Ф	Ш	К	Я	Ж	Г	В	К	М	У

ВЕТЕРИНАР
КОЗА
ЯЩІРКА
ХОМ'ЯК
ПЕС
КІШКА
КОШЕНЯ
КОРОВА
КРОЛИК
КОМІР

МИША
ПАПУГА
ЛАПИ
ЦУЦЕНЯ
ЧЕРЕПАХА
ХВІСТ
РИБА
ЇЖА
ВОДА

40 - Landschappen

Б	Ш	І	Д	І	Ч	Р	Ч	Є	Д	Ш	Ш	П	Т
Г	О	Р	А	О	Ч	Н	И	Щ	Ь	Х	М	І	Н
С	Л	Л	М	В	П	Е	Ч	Е	Р	А	Є	В	С
І	Ь	И	О	Р	Ш	А	Я	Я	Я	А	Я	О	Г
Ь	О	Ц	Р	Т	Р	А	Г	В	Г	Ю	Е	С	К
О	Д	Ц	Е	А	О	В	Б	О	Б	Ш	Г	Т	Ь
З	О	Ь	С	В	Т	У	Н	Д	Р	А	Е	Р	Щ
Е	В	Ш	А	Г	Я	Х	Ю	О	О	Б	Й	І	Є
Р	И	В	У	Л	К	А	Н	С	С	П	З	В	С
О	К	Е	А	Н	О	Є	О	П	Т	П	Е	Б	Ф
Ц	П	І	Д	Ц	Ш	А	Р	А	Р	Л	Р	Б	Х
Р	І	Ч	К	А	Є	Л	З	Д	І	Я	Г	И	А
Д	О	Л	И	Н	А	Щ	Ю	И	В	Ж	Ц	Є	Ж
А	Й	С	Б	Е	Р	Г	П	У	С	Т	Е	Л	Я

ГОРА	ОКЕАН
ОСТРІВ	РІЧКА
ГЕЙЗЕР	ПІВОСТРІВ
ЛЬОДОВИК	ПЛЯЖ
ПЕЧЕРА	ТУНДРА
ПАГОРБ	ДОЛИНА
АЙСБЕРГ	ВУЛКАН
ОЗЕРО	ВОДОСПАД
БОЛОТО	ПУСТЕЛЯ
ОАЗИС	МОРЕ

41 - Tuin

И	С	Ю	Ю	С	Г	Л	Д	Д	Ц	Ш	В	Б	О
Ю	Ю	Т	Г	Є	Ч	А	Е	Б	О	Л	Ч	У	Ж
Ф	Г	Г	А	Ф	Л	В	Р	А	С	А	Д	Р	Т
Р	Ф	У	М	В	Ф	А	Е	Т	Г	Н	Х	Я	Щ
У	Ш	Ь	А	Г	О	Л	В	У	Р	Г	Д	Н	Р
К	У	Щ	К	И	А	К	О	Т	А	А	Щ	І	І
Т	Е	Р	А	С	А	Н	Л	Є	Б	Р	В	В	Ф
О	Л	О	З	А	В	Л	О	Ц	Л	А	Щ	А	П
В	О	Ж	И	Ґ	Б	С	Ґ	К	І	Ж	О	Д	А
И	П	Щ	Н	Е	Ц	У	Б	Ф	І	Г	Ґ	М	Р
Й	А	Р	Е	М	К	В	І	Т	К	А	И	Б	К
С	Т	К	С	Ґ	Ю	А	Ж	Я	Ф	З	К	К	А
А	А	Н	П	Т	Ю	Н	В	Щ	Я	О	Ь	Ь	Н
Д	Х	Ь	Д	С	А	М	Ж	Ч	К	Н	В	Н	Б

ЛАВА
КВІТКА
ДЕРЕВО
ФРУКТОВИЙ САД
ГАРАЖ
ГАЗОН
ТРАВА
ГАМАК
ГРАБЛІ
ПАРКАН

БУР'ЯНІВ
ЛОПАТА
ШЛАНГ
КУЩ
ТЕРАСА
БАТУТ
САД
ГАНОК
СТАВОК
ЛОЗА

42 - Katten

С	М	А	Л	Е	Н	Ь	К	И	Й	Л	Я	Ж	А
П	О	Ч	Я	Ь	Б	Х	У	Т	Р	О	А	О	Є
А	О	Р	Г	Р	А	Й	Л	И	В	И	Й	П	Д
Т	С	Б	О	Ш	В	И	Д	К	О	Щ	Ґ	Н	А
И	О	О	Т	М	Ж	Н	Ц	О	Х	У	К	К	Я
І	Б	Ж	Ю	И	Я	Е	Г	І	С	Ь	Ю	М	Е
И	И	Е	Щ	Ш	М	З	Е	Р	К	Е	У	И	Д
Д	С	В	И	А	И	А	Л	Д	Д	А	К	С	Д
М	Т	І	М	Щ	Л	Л	А	И	Х	С	В	Л	У
Ш	О	Л	Щ	Ж	Ґ	Е	Г	К	В	Х	І	И	Ь
Я	С	Ь	П	Р	Я	Ж	А	И	І	И	О	В	Й
Щ	Т	Н	Г	Т	Я	Н	Щ	Й	С	Ш	Й	Е	О
И	І	И	Х	Ц	Ж	И	О	Е	Т	Н	Т	Ц	Д
І	Ш	Й	Г	А	Л	Й	В	Ц	Б	Х	Д	Ь	Р

ХУТРО
ПРЯЖА
БОЖЕВІЛЬНИЙ
МИСЛИВЕЦЬ
МАЛЕНЬКИЙ
МИША
ЦІКАВИЙ
НЕЗАЛЕЖНИЙ

ОСОБИСТОСТІ
ЛАПА
СПАТИ
ШВИДКО
ГРАЙЛИВИЙ
ХВІСТ
СОРОМ'ЯЗЛИВИЙ
ДИКИЙ

43 - Beroepen #2

Ж	Л	Б	Ж	Т	Л	Ч	У	О	Х	Д	В	Е	Л
С	У	С	М	Ф	І	Л	О	С	О	Ф	Г	В	І
Е	А	Р	О	Ф	К	Ц	Ш	Б	Н	С	Н	Ч	Н
Х	А	Д	Н	Р	А	І	П	І	Л	О	Т	И	Г
У	И	Ю	І	А	Р	Ц	Я	Б	І	Л	В	Т	В
Д	Ц	Р	Ж	В	Л	П	М	Л	Л	Ш	Л	Е	І
О	О	И	Е	А	Н	І	Ж	І	Ю	П	І	Л	С
Ж	Ж	С	К	О	Ч	И	С	О	С	Ь	Н	Ь	Т
Н	Б	Д	Л	П	Ж	О	К	Т	Т	Ч	Ж	А	К
И	І	Є	Я	І	Р	Н	Ф	Е	Р	М	Е	Р	К
К	О	Щ	Я	Ф	Д	Ж	Ґ	К	А	Ч	Н	Ф	Р
І	Л	Щ	Щ	В	Ґ	Н	М	А	Т	У	Е	М	Ч
О	О	Ь	Г	У	О	Ц	И	Р	О	Ш	Р	Т	Д
У	Г	Х	І	Р	У	Р	Г	К	Р	Щ	О	Р	Т

ЛІКАР
БІБЛІОТЕКАР
БІОЛОГ
ФЕРМЕР
ХІРУРГ
ФІЛОСОФ
ІЛЮСТРАТОР
ІНЖЕНЕР

ЖУРНАЛІСТ
ВЧИТЕЛЬ
ЛІНГВІСТ
ДОСЛІДНИК
ПІЛОТ
ХУДОЖНИК
САДІВНИК

44 - Komedie

```
Я Ґ П Л Л О П Л Е С К И Т Е
П Г А У Н Е І У Ч Т Л Р Е О
Г Т Р У С Л М Л У Е О О А Л
Є Г О П Ю Д П Ч О Л У З Т Р
А У Д И Т О Р І Я Е Н У Р У
Ю М І П Х Ж О Л Е Б И М О Ж
И О Я Т Ч А В И Р А З Н И Й
Ж Р І Ґ Т Н І І А Ч К И Є Ґ
І А К Т О Р З Ь Ь Е Ш Й Ж Ф
І Я Р Н О М А Я А Н С М І Х
Ю Щ Ґ Т Г Щ Ц Ж У Н Е Ф П Н
Ґ Е І Ю И Ж І Х Ж Я Р Я Х Б
К Б Я А І І Я А К Т Р И С А
С Р К Н Ь В Е С Е Л О Щ І Е
```

AKTOP
AKTPИCA
ОПЛЕСКИ
КЛОУНИ
ВИРАЗНИЙ
СМІХ
ЖАНР
ЖАРТИ

ГУМОР
ІМПРОВІЗАЦІЯ
ПАРОДІЯ
ВЕСЕЛОЩІ
АУДИТОРІЯ
РОЗУМНИЙ
ТЕЛЕБАЧЕННЯ
ТЕАТР

45 - Dagen en Maanden

С	Е	К	Я	Ш	Л	Ж	Ч	С	М	Т	П	К	П
Л	У	Х	Ш	Б	Ю	О	Е	І	І	И	Я	Р	О
В	И	Б	Я	У	Т	В	Т	Ч	С	Ж	Т	Я	Н
І	В	С	О	И	И	Т	В	Е	Я	Д	Н	Д	Е
В	Е	Т	Т	Т	Й	Е	Е	Н	Ц	Е	И	Б	Д
Т	Р	К	А	О	А	Н	Р	Ь	Ь	Н	Ц	Е	І
О	Е	А	Р	Д	П	Ь	Ь	І	У	Ь	Я	Р	Л
Р	С	Е	Р	Е	Д	А	Д	Ц	К	Ш	Ч	Е	О
О	Е	К	А	Л	Е	Н	Д	А	Р	В	М	З	К
К	Н	Н	Е	Д	І	Л	Я	Б	Л	П	Ф	Е	О
Ґ	Ь	Т	Ц	Д	Г	Ш	С	Е	Р	П	Е	Н	Ь
Є	І	Ч	Е	Р	В	Е	Н	Ь	Р	И	Т	Ь	У
Л	И	П	Е	Н	Ь	И	Х	Ц	Ґ	А	И	А	Л
В	О	Б	К	Б	Ґ	А	С	М	Д	Е	Ш	Щ	А

СЕРПЕНЬ
ВІВТОРОК
ЧЕТВЕР
ЛЮТИЙ
РІК
СІЧЕНЬ
ЛИПЕНЬ
ЧЕРВЕНЬ
КАЛЕНДАР
МІСЯЦЬ

ПОНЕДІЛОК
БЕРЕЗЕНЬ
ЛИСТОПАД
ЖОВТЕНЬ
ВЕРЕСЕНЬ
П'ЯТНИЦЯ
ТИЖДЕНЬ
СЕРЕДА
СУБОТА
НЕДІЛЯ

46 - Beeldende Kunsten

```
С Ц У С Ф О Т О Г Р А Ф І Я Я
Р К Х К С Ч Л А К Р Е Й Д А А
У М У Г М Ш А І Ш С В Ф Ж Ц
Ч О Д Л Т Е Р И В С К Л А Д
К Л О И Ь Ь Х Ц Е Е И І І П
А Ь Ж Н Ш П І Д Х Е Ц М К Ф
Х Б Н А Е О Т Ь А Б П Ь Т С
Ь Е И Ц Д Р Е У Г Ш Щ Ф В Ґ
П Р К Я Е Т К Е Р А М І К А
Ф Т Ф Л В Р Т Ф Ц А К А Є Щ
А І Ш Ч Р Е У К М Ц Д Г Ж М
А Е Л К Ь Т Р А Ф А Р Е Т Ґ
Л П О Ь Л В А О К П Г О Ю Ц
В І С К М Т В О Р Ч І С Т Ь
```

АРХІТЕКТУРА
ХУДОЖНИК
СКУЛЬПТУРА
ТВОРЧІСТЬ
МОЛЬБЕРТ
ФІЛЬМ
ФОТОГРАФІЯ
КЕРАМІКА
ГЛИНА

КРЕЙДА
ШЕДЕВР
РУЧКА
ПОРТРЕТ
ОЛІВЕЦЬ
СКЛАД
ТРАФАРЕТ
ЛАК
ВІСК

47 - Menselijk Lichaam

Р	В	Е	Ш	І	Ш	П	К	У	В	І	С	Ь	І
У	Щ	Е	И	П	К	Л	О	Ш	Л	У	Н	О	К
К	В	Ж	Я	І	І	Е	Л	В	Ц	Г	Х	М	Б
А	Х	У	З	Д	Р	Ч	І	Щ	М	Ь	Щ	О	Я
Ґ	Е	Т	И	Б	А	Е	Н	И	Ц	Я	Ц	З	Б
Б	М	К	К	О	Р	Д	А	К	Д	Ц	К	О	В
Щ	О	Д	Р	Р	Г	О	Л	О	В	А	Д	К	У
Ь	Н	Щ	Щ	І	О	П	Т	Л	І	К	О	Т	Ь
Д	І	Щ	Ю	Д	П	В	Н	О	Г	А	С	П	Б
М	Ю	Р	Ц	Д	Ь	С	І	Т	В	Р	П	Ґ	М
Ж	В	Ґ	Л	Я	Щ	Е	С	К	Є	Я	Е	У	Щ
М	Ч	Л	К	И	У	Р	А	И	И	В	Б	Є	Ч
В	Щ	П	А	Л	Е	Ц	Ь	Щ	Ж	А	Я	Ж	Ч
И	М	Н	Ч	Я	Щ	Е	Л	Е	П	А	Е	П	Ж

НОГА
КРОВ
ЛІКОТЬ
ЩИКОЛОТКИ
РУКА
СЕРЦЕ
МОЗОК
ГОЛОВА
ШКІРА
ЩЕЛЕПА

ПІДБОРІДДЯ
КОЛІНА
ШЛУНОК
РОТ
ШИЯ
НІС
ВУХО
ПЛЕЧЕ
ЯЗИК
ПАЛЕЦЬ

48 - Familie

```
Д  С  Б  М  Ч  Ь  Ч  О  Л  О  В  І  К  Б
Я  Е  Р  А  Ж  У  С  Р  Ю  Е  Н  Ґ  Ц  А
Д  С  А  Т  Т  Д  І  Т  И  Ґ  Щ  У  Х  Б
Ь  Т  Т  И  Д  Ь  Н  Ю  Ґ  К  Щ  Н  К  У
К  Р  Р  Щ  Я  Х  К  Д  Ж  К  Ж  Ґ  Г  С
О  А  Е  П  Л  Е  М  І  Н  Н  И  Ц  Я  Я
Ц  Д  С  В  Б  Т  М  Ц  В  Д  Х  Щ  Д  Т
Н  Н  Ж  Щ  І  Л  Ю  Ш  Ь  С  А  К  Р  І
Д  И  Т  И  Н  А  И  Т  Б  П  Ь  В  У  Т
П  Р  Е  Д  О  К  Ж  З  І  І  Ш  К  Ж  К
Е  Н  Ж  І  М  Б  Н  А  Н  Щ  О  М  И  А
Щ  Г  А  Д  О  Ч  К  А  К  Ю  Я  С  Н  Й
П  Л  Е  М  І  Н  Н  И  К  К  К  Ф  А  Н
Ж  Б  А  Т  Ь  К  О  Ґ  Л  Б  У  И  А  Л
```

БРАТ	ДЯДЬКО
ДОЧКА	ДІД
БАБУСЯ	ТІТКА
ДИТИНА	БЛИЗНЮКИ
ДІТИ	БАТЬКО
ОНУК	БАТЬКІВСЬКИЙ
ЧОЛОВІК	ПРЕДОК
МАТИ	ДРУЖИНА
ПЛЕМІННИК	СЕСТРА
ПЛЕМІННИЦЯ	

49 - Gebouwen

```
В Ж О Д К Р И Т Ф К М Г Ф У
У Е Ґ Ф В Ф Е Р М А У О А Н
В Е Ж З А М О К Ю Б З Т Б І
Л І К А Р Н Я Ф Н І Е Е Р В
Щ Ц К С Т А Д І О Н Й Л И Е
С К Г Д И А Ь Л Ґ А А Ь К Р
С Ф Я Г Р Ш К О Л А Л М А С
П Я Т Ш А К Т І Ц Я В У Е И
Л А Б О Р А Т О Р І Я Б Ч Т
Ю П Я П О С О Л Ь С Т В О Е
Т Е А Т Р І К І Н О А О Я Т
О М Д Ш Л Ж Л Ж М И І Р Ґ В
О Б С Е Р В А Т О Р І Я А Б
С У П Е Р М А Р К Е Т Ш Т Й
```

ПОСОЛЬСТВО	ОБСЕРВАТОРІЯ
КВАРТИРА	ШКОЛА
КІНО	САРАЙ
ФЕРМА	СТАДІОН
КАБІНА	СУПЕРМАРКЕТ
ФАБРИКА	НАМЕТ
ГОТЕЛЬ	ТЕАТР
ЗАМОК	ВЕЖА
ЛАБОРАТОРІЯ	УНІВЕРСИТЕТ
МУЗЕЙ	ЛІКАРНЯ

50 - Kunst

```
С  Ч  Т  Н  Є  Г  Р  Т  І  Я  М  О  Щ  В
П  И  Р  П  А  Щ  Л  Ш  В  Щ  Щ  С  Ч  И
Р  К  М  Ч  Е  С  Н  И  Й  О  Х  О  Г  Р
Е  Е  З  В  Ж  К  Т  К  Щ  Ш  Р  Б  Ш  А
Д  Р  А  П  О  У  П  Р  О  С  Т  И  Й  З
М  А  П  Ф  Р  Л  Е  О  І  В  О  С  Т  Х
Е  М  А  Л  И  Ь  Ю  Ґ  Щ  Й  Л  Т  Ш  И
Т  І  Л  О  Г  П  С  К  Л  А  Д  И  Д  Ь
Я  Ч  Е  И  І  Т  У  Є  І  Ґ  Г  Й  А  Ж
Ш  Н  Н  Я  Н  У  Т  К  У  Т  Ж  Б  Т  І
Ш  І  И  К  А  Р  Т  И  Н  И  У  А  Ш  М
Б  Т  Й  Н  Л  А  Ь  П  О  Е  З  І  Я  Ю
С  Ю  Р  Р  Е  А  Л  І  З  М  Ч  К  Н  Х
Т  Ф  У  С  С  К  Л  А  Д  Н  И  Й  Ю  О
```

СКУЛЬПТУРА
СКЛАДНИЙ
ТВОРИТИ
ПРОСТИЙ
ЧЕСНИЙ
ЗАПАЛЕНИЙ
НАСТРІЙ
КЕРАМІЧНІ
ПРЕДМЕТ

ОРИГІНАЛ
ОСОБИСТИЙ
ПОЕЗІЯ
СКЛАД
КАРТИНИ
СЮРРЕАЛІЗМ
СИМВОЛ
ВИРАЗ

51 - Beroepen #1

Т	П	С	І	Ю	Ц	О	А	Ґ	Ь	А	Г	Л	Ю
Ь	І	А	Д	Є	П	Ш	Ч	Ч	Є	Ю	Е	І	В
Б	А	Н	К	І	Р	Р	Л	Ґ	Ґ	Ґ	О	К	Е
В	Н	Т	М	У	З	И	К	А	Н	Т	Л	А	Л
Ч	І	Е	Т	Е	С	Ь	У	М	І	К	О	Р	І
Е	С	Х	А	С	Т	Р	О	Н	О	М	Г	П	Р
Н	Т	Н	Н	Н	М	Щ	Н	Ж	Р	И	П	С	А
И	Ц	І	Ц	Г	Е	І	Т	Н	Е	С	Т	И	Д
Й	Ю	К	Ю	П	М	М	Щ	А	Д	Л	С	Х	В
С	П	О	Р	Т	С	М	Е	Н	А	И	В	О	О
У	У	О	И	І	Ц	К	І	Р	К	В	К	Л	К
Р	Ф	В	С	Я	С	Ґ	В	Щ	Т	Е	С	О	А
К	А	Р	Т	О	Г	Р	А	Ф	О	Ц	Ч	Г	Т
Р	К	Ц	Г	Г	Л	Ж	Ч	У	Р	Ь	Т	Щ	Ж

АДВОКАТ
ПОСОЛ
АСТРОНОМ
СПОРТСМЕН
БАНКІР
КАРТОГРАФ
ТАНЦЮРИСТ
ЛІКАР
РЕДАКТОР

ГЕОЛОГ
МИСЛИВЕЦЬ
ЮВЕЛІР
САНТЕХНІК
МУЗИКАНТ
ПІАНІСТ
ПСИХОЛОГ
ВЧЕНИЙ

52 - Kastelen

```
К  Ф  И  Ш  Ш  Щ  Ж  І  К  Ч  Д  Г  Д  К
І  О  Б  Г  Ж  Ь  К  М  Е  Ч  Р  О  И  А
Н  Р  Р  Н  Л  Е  П  П  А  Л  А  Ц  Н  Т
Ь  Т  О  О  Б  Б  Ю  Е  Б  У  К  У  А  А
Є  Е  Н  Ф  Л  Т  Я  Р  Л  В  О  Щ  С  П
Д  Ц  Я  Е  А  І  Д  І  Ш  И  Н  И  Т  У
И  Я  Ґ  О  Г  В  В  Я  Е  М  Ц  Т  І  Л
Н  Є  Ш  Д  О  Ж  Ф  С  Т  Ф  Ґ  А  Я  Ь
О  Ю  П  А  Р  В  Т  Г  Т  Ґ  В  Л  Р  Т
Р  Т  Ц  Л  О  И  И  Е  Ґ  В  Б  Е  Е  А
І  І  Б  Ч  Д  С  Т  І  Н  А  О  Г  Ж  О
Г  К  Ж  Б  Н  К  О  Р  О  Н  А  Ч  Ю  А
Л  Ц  П  Р  И  Н  Ц  Е  С  А  Т  О  У  Г
Х  Ц  Г  Ч  Й  П  Р  И  Н  Ц  П  Є  А  Е
```

ДРАКОН	СТІНА
ДИНАСТІЯ	КІНЬ
БЛАГОРОДНИЙ	ПАЛАЦ
ЄДИНОРІГ	ПРИНЦ
ФЕОДАЛ	ПРИНЦЕСА
ФОРТЕЦЯ	ЛИЦАР
БРОНЯ	ІМПЕРІЯ
КАТАПУЛЬТА	ЩИТ
КОРОЛІВСТВО	ВЕЖА
КОРОНА	МЕЧ

53 - Insecten

```
Х Р О Б А К Б Х Ж И Є Ш М К
П С П О П Е Л И Ц Я О Т Е Ю
Ц Ш Є И С Ч О Ґ Н Є Ш Ь Т Н
И Є Б П Б А Х Т Т Т И Е І
К Б О Я Д М А Щ Ґ Е А Ю Л Ж
А А І Ь Ж В Ж У Я У Р О И У
Д Б Ч А О К О Н И К Г М К К
А К Ш Г Л И Ч И Н К А Б І Щ
М А Е Д А А І Е А О Н О Я Т
М У Р А Х А Є Ь Щ М К Г Н В
Р У Ш Е Б И Є Ф Ш А Н О Ц В
Е К Е Н Б Г И Я Л Р Ґ М Е Ж
И Б Н И Ю Ж Ж Я Б Л Х О А С
К М Ь П Д К И О К Н Ц Л Ч Ю
```

БОГОМОЛ	МУРАХА
БДЖОЛА	КОМАР
ПОПЕЛИЦЯ	КОНИК
ЦИКАДА	ТЕРМІТ
ШЕРШЕНЬ	МЕТЕЛИК
ТАРГАН	БЛОХА
ЖУК	ОСА
ЛИЧИНКА	ХРОБАК
БАБКА	

54 - Antarctica

П	Г	С	Т	Е	О	О	Р	Щ	Ю	Д	Ш	Д	Л
І	Е	Е	В	К	Х	А	І	Н	В	О	Д	А	Ґ
В	О	Р	М	С	С	К	Е	Л	Я	С	Т	И	Й
О	Г	Е	І	П	У	Х	Р	Ґ	О	Л	М	М	Щ
С	Р	Д	Г	Е	И	М	М	Ю	Ж	І	І	З	К
Т	А	О	Р	Д	Б	А	О	И	П	Д	Н	Б	Н
Р	Ф	В	А	И	У	Р	С	Е	М	Н	Е	Е	А
І	І	И	Ц	Ц	Х	И	Т	Ч	Ф	И	Р	Р	У
В	Я	Щ	І	І	Т	І	Р	М	Н	К	А	Е	К
Л	Ф	Е	Я	Я	А	Д	І	Р	Б	Д	Л	Ж	О
У	О	Ч	П	І	Н	Г	В	І	Н	И	И	Е	В
К	О	Н	Т	И	Н	Е	Н	Т	Л	І	Д	Н	И
Н	Т	Е	М	П	Е	Р	А	Т	У	Р	А	Н	Й
У	О	Л	Ь	О	Д	О	В	И	К	І	В	Я	Т

БУХТА
ЗБЕРЕЖЕННЯ
КОНТИНЕНТ
ОСТРІВ
ЕКСПЕДИЦІЯ
ГЕОГРАФІЯ
ЛЬОДОВИКІВ
ЛІД
МІГРАЦІЯ
МІНЕРАЛИ

СЕРЕДОВИЩЕ
ДОСЛІДНИК
ПІНГВІНИ
СКЕЛЯСТИЙ
ПІВОСТРІВ
ТЕМПЕРАТУРА
ВОДА
НАУКОВИЙ
ХМАРИ

55 - Ballet

```
Х  У  Д  О  Ж  Н  І  Й  Є  У  Ж  Х  В  М
А  У  Д  И  Т  О  Р  І  Я  Ґ  Е  У  И  У
К  О  М  П  О  З  И  Т  О  Р  С  Л  Т  З
П  Р  А  К  Т  И  К  А  Л  Ж  Т  Д  О  И
Р  Х  О  Р  Е  О  Г  Р  А  Ф  І  Я  Н  К
Е  И  Б  У  О  Г  Р  П  Є  Р  І  Н  Ч  А
П  Н  Т  А  П  Ь  И  К  Ф  Т  О  Д  Е  В
Е  А  Е  М  Л  Ц  Ч  Т  Е  О  Щ  Ь  Н  И
Т  В  Х  М  Е  Е  І  Я  Ч  С  С  Е  И  Р
И  И  Н  Я  С  Ш  Р  В  Ц  М  Т  Ь  Й  А
Ц  Ч  І  З  К  Ц  Є  И  Е  Б  И  Р  І  З
І  К  К  И  И  Щ  Ц  Є  Н  К  Л  Ґ  Р  Н
Я  А  А  Я  И  Ж  Я  Ж  К  А  Ь  Ц  Ж  И
Т  А  Н  Ц  Ю  Р  И  С  Т  І  В  Н  І  Й
```

ОПЛЕСКИ
ХУДОЖНІЙ
БАЛЕРИНА
ХОРЕОГРАФІЯ
КОМПОЗИТОР
ТАНЦЮРИСТІВ
ВИРАЗНИЙ
ЖЕСТ
МУЗИКА
ОРКЕСТР

ПРАКТИКА
АУДИТОРІЯ
РЕПЕТИЦІЯ
РИТМ
ВИТОНЧЕНИЙ
М'ЯЗИ
СТИЛЬ
ТЕХНІКА
НАВИЧКА

56 - Vissen

```
О Я Д А Д В І В Е Н Є Г Щ К
Ю З Я Б Р А П Ь М К Ч А Ц О
Я И Е Ф І Г Л К Є С Щ К О Ш
У С Г Р Т А Е Р Н Ш П Ш Б И
Ч П У І О Ч Н С Т Т Ж Ц Л К
О Ю О Ч Є Т Г Щ Е Л Е П А В
В К В К Л Ґ Я Л Р З К У Д А
Е У Е А Т Ь Ч И П М О Г Н Ж
Н Х Ж А В О Д А І А Ю Н А Я
Д А Р Ґ Н Б Д Е Н Х Ш Т Н М
Ш Р Ґ Щ Ц Я И Е Н Е М Я Н П
П Р И Н А Д А Ш Я Н П Л Я Ж
П Е Р Е Б І Л Ь Ш Е Н Н Я Л
И Д В Є А О Х Л Ь Н Г Н Ш Ц
```

ПРИНАДА	КУХАР
ОБЛАДНАННЯ	КОШИК
ЧОВЕН	ОЗЕРО
ДРІТ	ОКЕАН
ТЕРПІННЯ	ПЕРЕБІЛЬШЕННЯ
ВАГА	РІЧКА
ГАК	СЕЗОН
ЩЕЛЕПА	ПЛЯЖ
ЗЯБРА	ВОДА

57 - Fruit

```
Ж М С Ц Т Г Ч В Ш Я Б Л В І
П А П А Й Я В И Н О Г Р А Д
Я Н Ґ Р Щ О Н Ш Л Я Б А А И
А Г Е Ж У Н У Н В Б А У Щ Н
Б О О К І С В Я Ч Л Н Ш Г Я
Р Є Т Д Т Щ Р У Б У А Д Щ Х
И Г А К А А Ф Ю Г К Н Ч Т Ь
К Р Н Т О С Р А В О К А Д О
О У А К И К Л И М О Н М П С
С Ш Н І Е Л О Ґ Н Е Н А Е Л
Д А А В Ф Б Ш С Ж В Ж Л Р И
Є К С І Ґ О Я С Ґ Н Р И С В
Ц О Р А Н Ж Е В И Й Р Н И А
И Д Щ Г К Ч А Ф Ч Д Л А К А
```

АБРИКОС	КІВІ
АНАНАС	КОКОС
ЯБЛУКО	МАНГО
АВОКАДО	ДИНЯ
БАНАН	НЕКТАРИН
ЯГОДА	ОРАНЖЕВИЙ
ЛИМОН	ПАПАЙЯ
ВИНОГРАД	ГРУША
МАЛИНА	ПЕРСИК
ВИШНЯ	СЛИВА

58 - Literatuur

```
Д  Д  Ь  Ф  Г  Г  Ю  Т  Ц  Т  Р  Ґ  Ш  Н
Ь  І  Р  О  Ж  В  Р  Р  С  Б  Ж  И  Л  П
В  Я  А  В  Ґ  Ю  П  А  Ґ  Є  Ц  Т  Т  Г
Е  А  А  Л  Б  І  О  Г  Р  А  Ф  І  Я  М
П  Ь  А  И  О  К  К  Е  О  Ь  В  І  Р  Ш
Ш  О  Ц  У  К  Г  Ф  Д  М  В  Ю  К  И  Т
А  Н  Е  К  Д  О  Т  І  А  И  Т  Г  М  Ю
В  Ц  С  Т  И  Л  Ь  Я  Н  Ш  Ю  Р  А  Ґ
Ь  Т  І  Н  И  М  Е  Т  А  Ф  О  Р  А  Щ
А  В  Т  О  Р  Ч  Ю  Л  Л  П  Т  Е  М  А
А  Н  А  Л  І  З  Н  Д  У  М  К  А  Ц  Щ
В  Е  О  Ґ  Ш  Л  В  И  С  Н  О  В  О  К
А  Н  А  Л  О  Г  І  Я  Й  М  П  Н  Л  О
В  И  Г  А  Д  К  А  Ш  Щ  Д  Д  Б  Х
```

АНАЛОГІЯ	ДУМКА
АНАЛІЗ	МЕТАФОРА
АНЕКДОТ	ПОЕТИЧНИЙ
АВТОР	РИМА
БІОГРАФІЯ	РИТМ
ВИСНОВОК	РОМАН
ДІАЛОГ	СТИЛЬ
ВИГАДКА	ТЕМА
ВІРШ	ТРАГЕДІЯ

59 - Technologie

С	Т	У	А	В	Л	А	Т	Л	Ь	Ь	К	Ц	С
И	Т	К	В	Ч	М	О	Н	Ц	Н	Б	О	Ф	А
В	Л	А	П	К	Б	А	Й	Т	Е	Ш	М	Д	С
Ш	І	Н	Т	Е	Р	Н	Е	Т	И	Є	П	Ж	Ь
Д	В	Р	Ц	И	Ф	Р	О	В	И	Й	Ю	О	Р
А	І	Н	Т	Е	С	Б	Л	О	Г	Є	Т	Ч	Ф
Н	Р	Н	Ф	У	К	Т	Ґ	Р	Н	С	Е	Ф	Б
І	У	П	К	Б	А	Р	И	Ж	М	Т	Р	В	Є
Ґ	С	И	У	Е	М	Л	А	К	У	Р	С	О	Р
Б	Р	А	У	З	Е	Р	Ь	Н	А	Н	Ф	Ш	Є
Г	Ь	Щ	Х	П	Р	В	В	Н	П	А	А	Р	С
Ж	Р	Т	У	Е	А	П	Г	Д	И	Ц	Й	И	Ш
С	Я	И	Я	К	В	Щ	Ф	Н	В	Й	Л	Ф	Т
С	О	Є	Р	А	У	Ж	М	І	Х	Л	Ф	Т	Ц

ФАЙЛ
БЛОГ
БРАУЗЕР
БАЙТ
КАМЕРА
КОМП'ЮТЕР
КУРСОР
ЦИФРОВИЙ

ДАНІ
ІНТЕРНЕТ
ШРИФТ
ЕКРАН
СТАТИСТИКА
БЕЗПЕКА
ВІРТУАЛЬНИЙ
ВІРУС

60 - Boeken

А	В	Т	О	Р	Е	М	І	Г	В	Т	Е	Л	І
Х	А	Р	А	К	Т	Е	Р	У	І	Р	П	І	С
Н	А	П	И	С	А	Н	А	М	Д	А	О	Т	Т
С	Є	Р	Щ	Р	У	Н	Н	О	П	Г	П	Е	О
Б	Т	П	О	Е	З	І	Я	Р	О	І	Е	Р	Р
Г	Ю	О	Ь	М	Ж	Я	І	И	В	Ч	Ї	А	И
Ж	Ш	Ф	Р	В	А	Г	Н	С	І	Н	Т	Т	Ч
Х	Ь	Т	Г	І	Щ	Н	Б	Т	Д	И	І	У	Н
Щ	Ь	П	Х	Р	Н	Є	Ч	И	Н	Й	С	Р	И
Ж	Н	Н	Т	Ш	Ш	К	П	Ч	І	Д	Т	Н	Й
П	Р	И	Г	О	Д	А	А	Н	Л	У	О	И	Е
К	О	Л	Е	К	Ц	І	Я	И	Ж	Р	Р	Й	Ц
Ч	И	Т	А	Ч	У	Т	И	Й	Б	Ф	І	Ю	С
К	О	Н	Т	Е	К	С	Т	Ф	Я	Ц	Я	Ж	Ш

АВТОР
ПРИГОДА
СТОРІНКА
КОЛЕКЦІЯ
КОНТЕКСТ
ЕПОПЕЇ
ВІРШ
НАПИСАНА
ІСТОРИЧНИЙ

ГУМОРИСТИЧНИЙ
ХАРАКТЕР
ЧИТАЧ
ЛІТЕРАТУРНИЙ
ПОЕЗІЯ
ВІДПОВІДНІ
РОМАН
ТРАГІЧНИЙ
ІСТОРІЯ

61 - Meer Informatie

Р	О	Б	О	Т	И	Е	Ж	К	А	О	У	Ф	Ш
О	Р	С	С	Б	Є	О	С	Л	Н	Р	Т	У	Л
Ф	Е	Ц	В	Х	Р	Ц	Д	О	Т	А	О	Т	П
І	А	Е	І	К	І	Н	О	Н	И	К	П	У	Л
Л	Н	Т	Т	Т	Г	Б	Ґ	И	У	У	І	Р	А
Ю	І	А	Т	К	Н	И	Г	И	Т	Л	Я	И	Н
З	С	Р	Б	А	У	Щ	Ц	Б	О	В	Л	С	Е
І	Т	І	Ґ	Е	С	Я	Щ	Ґ	П	Г	Л	Т	Т
Я	И	Й	Ж	В	Ю	Т	В	Г	І	М	Ш	И	А
Г	Ч	Е	Т	Ш	Ф	К	И	Н	Я	А	Г	Ч	Ь
Р	Н	В	О	Г	О	Н	Ь	Ч	И	С	Х	Н	Г
Ш	И	П	В	И	Б	У	Х	Ч	Н	Й	Р	И	Щ
В	Й	С	Т	А	Є	М	Н	И	Ч	И	Й	Й	Ш
Т	Е	Х	Н	О	Л	О	Г	І	Я	Ю	Й	У	К

КІНО
КНИГИ
ВОГОНЬ
УЯВНИЙ
АНТИУТОПІЯ
ВИБУХ
ФАНТАСТИЧНИЙ
ФУТУРИСТИЧНИЙ
ІЛЮЗІЯ
КЛОНИ

ТАЄМНИЧИЙ
ОРАКУЛ
ПЛАНЕТА
РЕАЛІСТИЧНИЙ
РОБОТИ
СЦЕНАРІЙ
ТЕХНОЛОГІЯ
УТОПІЯ
СВІТ

62 - Regenwoud

```
М О Х М А Р И Ш К Г К Я Е О
І З Г Г А Т Є І П Ж О К О Б
Р Б М И Ю Д Т О Т Н Р О А О
П Е У К У Б Ю П К Л І М А Т
Р Р С П Р И Р О Д А Н А С А
И Е М Т Я Ц Щ В Я С Н Х С Н
Т Ж Щ Ґ А Ю Б А Я Я І Ж А І
У Е А Т Ч В М Г Ц Ж Ю Д В Ч
Л Н Н М И И Р А І С Е Ж Ц Н
О Н Щ І Ф Д Д А Т О Б У І И
К Я Е Е Ч І Ш П Ц І Н Н И Й
Л Н П Я К Ш Б В Т І М Г Ч Н
Г Р О М А Д А І Щ А Я Л Ь У
Д М Ь С Г Ґ П С Ї Е Х І Х С
```

АМФІБІЇ	ПРИРОДА
ЗБЕРЕЖЕННЯ	ПОВАГА
БОТАНІЧНИЙ	РЕСТАВРАЦІЯ
ГРОМАДА	ВИД
КОРІННІ	ПРИТУЛОК
КОМАХ	ПТАХ
ДЖУНГЛІ	ЦІННИЙ
КЛІМАТ	ХМАРИ
МОХ	ССАВЦІ

63 - Haartypes

```
Е  Ч  Е  Т  О  К  К  Х  Л  Я  Г  Є  Ґ  К
П  О  А  І  І  Б  У  В  Д  У  Ц  Л  Д  П
Ж  Р  Н  И  А  Е  Ч  И  Е  Ж  Ґ  И  О  К
П  Н  А  Щ  Я  А  Е  Л  Ф  Ч  Л  С  В  О
Є  И  К  У  Ч  Е  Р  Я  І  Я  І  И  Г  Р
Б  Й  О  У  Е  О  Я  С  І  Р  И  Й  И  О
І  Л  Р  Ш  Я  Б  В  Т  О  Н  К  И  Й  Т
Л  Г  И  С  К  А  И  И  Р  Ж  Б  К  П  К
И  Л  Ч  С  Р  Ф  Й  Й  К  Л  Ф  Ф  К  И
Й  А  Н  М  К  І  П  Л  Е  Т  Е  Н  И  Й
Щ  Д  Е  Т  Я  У  Б  Б  Л  О  Н  Д  И  Н
Л  К  В  Д  Р  К  Ч  Л  І  Н  Ж  Ш  С  Щ
В  И  И  Ґ  О  А  И  И  О  Ш  И  Б  Х  П
У  Й  Й  С  У  Х  И  Й  Й  Д  П  И  А  Ж
```

БЛОНДИН
КОРИЧНЕВИЙ
СУХИЙ
ТОНКИЙ
ПЛЕТЕНИЙ
ГЛАДКИЙ
БЛИСКУЧИЙ
ХВИЛЯСТИЙ
СІРИЙ

ЛИСИЙ
КОРОТКИЙ
КУЧЕР
КУЧЕРЯВИЙ
ДОВГИЙ
БІЛИЙ
М'ЯКИЙ
СРІБЛО
ЧОРНИЙ

64 - Stad

```
Ф К І Н О В Ґ Т Т С Г Г А Т
Р Л З Р И Н О К У У О А Е Щ
Х І О Т К М Ч Ч Ь П Т Л Р П
У Н О Р Ю Б П М Ф Е Е Е О Е
Н І П Д И І А Г К Р Л Р П К
І К А С В С Ш Н Ш М Ь Е О А
В А Р І О У Т Ч К А У Я Р Р
Е С К С Ь М Е П О Р А З Т Н
Р Е С Т О Р А Н Л К П Р Е Я
С В Ч А О Ю Т Н А Е Т О Ш Й
И П В Д С У Р Б І Т Е Я Ф Ь
Т Ш Ш І П Ф С Ш Д О К Б Г Л
Е С Д О Д Ь Ґ М А Г А З И Н
Т Р М Н Б І Б Л І О Т Е К А
```

АПТЕКА	АЕРОПОРТ
ПЕКАРНЯ	РИНОК
БАНК	МУЗЕЙ
БІБЛІОТЕКА	РЕСТОРАН
КІНО	ШКОЛА
ФЛОРИСТ	СТАДІОН
ЗООПАРК	СУПЕРМАРКЕТ
ГАЛЕРЕЯ	ТЕАТР
ГОТЕЛЬ	УНІВЕРСИТЕТ
КЛІНІКА	МАГАЗИН

65 - Natuur

```
Ф  Е  А  Т  У  М  А  Н  Б  Е  О  П  Л  Б
Х  Х  П  Р  Р  Л  Е  Я  А  Р  В  Р  Ь  Е
С  И  Я  Х  К  О  Г  Р  Ю  О  Р  И  О  З
В  С  Т  М  Р  Т  П  Г  М  З  Х  Т  Д  Т
Д  Щ  Г  А  А  Є  И  І  Ь  І  Д  У  О  У
П  И  М  Р  С  Д  Щ  Ч  Ч  Я  И  Л  В  Р
У  Р  Н  И  А  О  Д  М  Н  Н  К  О  И  Б
С  І  С  А  Б  Д  Ж  І  Л  И  И  К  К  О
Т  Ч  К  Ж  М  Л  И  С  Т  Я  Й  Й  Ч  Т
Е  К  Е  І  Ф  І  Р  Я  В  Ь  Я  Ґ  М  Н
Л  А  Л  І  М  С  Ч  О  А  Ш  О  Ю  Г  И
Я  Є  І  Ц  Б  Ц  Ж  Н  Р  С  Ю  Є  Р  Й
Р  Ґ  Ґ  Я  С  В  Я  Т  И  Л  И  Щ  Е  И
І  С  Г  О  Р  И  С  Н  Н  Й  Б  П  Ґ  Д
```

АРКТИЧНИЙ	СКЕЛІ
ГОРИ	ТУМАН
БДЖІЛ	РІЧКА
ЛІС	КРАСА
ТВАРИН	ПРИТУЛОК
ДИНАМІЧНИЙ	БЕЗТУРБОТНИЙ
ЕРОЗІЯ	ТРОПІЧНИЙ
ЛИСТЯ	ДИКИЙ
ЛЬОДОВИК	ПУСТЕЛЯ
СВЯТИЛИЩЕ	ХМАРИ

66 - Dinosaurussen

П	О	Т	У	Ж	Н	И	Й	Ю	Г	Ч	Т	О	Г
Д	Я	Х	С	Р	Т	Ь	П	Ж	Д	Б	У	Ф	И
Щ	О	В	Т	Р	А	В	О	Ї	Д	Н	І	М	Л
Ю	Д	І	В	Е	В	О	Л	Ю	Ц	І	Я	Н	Н
Р	Т	С	С	П	Р	Ц	Т	Ф	Ц	Ц	Ж	Є	Д
С	Є	Т	Е	Т	З	О	В	Ю	П	Д	П	П	Л
Ф	Т	Ш	Ї	И	О	Е	З	М	А	М	О	Н	Т
І	Щ	Ф	Д	Л	В	Р	М	М	Ж	Л	Р	К	П
В	И	Д	Н	І	Щ	Ю	И	Л	І	Ґ	О	Р	П
В	Я	Ь	И	Я	Н	Б	Ґ	Ч	Я	Р	Ч	И	В
Ю	В	Ц	Й	Щ	Д	М	Ф	Ь	Н	Ч	Н	Л	И
В	Е	Л	И	Ч	Е	З	Н	И	Й	И	Е	А	М
Ю	В	С	Є	А	В	Е	Л	И	К	И	Й	П	К
З	Н	И	К	Н	Е	Н	Н	Я	У	О	Є	П	Л

ЗЕМЛЯ	ВСЕЇДНИЙ
ВЕЛИЧЕЗНИЙ	ДОІСТОРИЧНИЙ
ЕВОЛЮЦІЯ	РЕПТИЛІЯ
ВЕЛИКИЙ	ВИД
РОЗМІР	ХВІСТ
ТРАВОЇДНІ	ЗНИКНЕННЯ
ПОТУЖНИЙ	ПОРОЧНЕ
МАМОНТ	КРИЛА

67 - Zoogdieren

У	Е	Б	С	Ю	И	Г	Б	Г	Ь	Х	Ч	Д	Е
К	Р	О	Л	И	К	Р	О	К	І	Ш	К	А	Я
О	О	П	О	М	И	Ж	Б	Р	К	І	Н	Ь	Р
Й	А	З	Н	О	Т	Ь	Е	Ж	И	Р	А	Ф	Є
О	Л	М	А	В	П	А	Р	Б	Ю	Л	Ж	Є	В
Т	Є	К	О	С	Е	Л	Д	Л	Е	И	А	П	П
Д	О	М	Т	Ж	С	Ц	Е	С	Т	С	Щ	Ь	Є
Е	Л	И	Ц	Б	Б	Л	Л	В	С	И	Л	Д	С
А	О	Ю	Ч	И	Ж	О	Ь	О	Ю	Ц	С	Б	Ш
Ш	Є	І	І	К	Ф	Ґ	Ф	В	В	Я	Б	Щ	Г
К	Е	Н	Г	У	Р	У	І	К	Ж	Щ	Щ	Ш	Р
В	Е	Р	Б	Л	Ю	Д	Н	Ф	П	Л	Е	Ь	Ж
Н	П	Н	И	Ґ	О	Г	Д	Ж	А	Д	П	Р	С
П	І	А	Ю	Б	А	В	Н	О	Е	И	В	І	П

МАВПА	КЕНГУРУ
БОБЕР	КІШКА
КОЙОТ	КРОЛИК
ДЕЛЬФІН	ЛЕВ
ОСЕЛ	СЛОН
КОЗА	КІНЬ
ЖИРАФ	БИК
ГОРИЛА	ЛИСИЦЯ
ПЕС	КИТ
ВЕРБЛЮД	ВОВК

68 - 1 Jaar Geleden

Е	Ф	Р	Н	У	М	В	Т	Н	П	Р	В	Е	Я
И	Ф	П	А	Ц	І	Є	Н	Т	Р	О	И	Ф	Т
Л	Ж	С	Д	Ц	Я	И	Б	К	И	З	Р	Е	О
А	Ч	Ц	І	К	А	В	И	Й	С	У	І	К	Р
П	К	Г	Й	П	М	М	Щ	Ц	Т	М	Ш	Т	С
Х	Р	Ь	Н	Ф	Є	У	Ч	Ж	Р	Н	А	И	С
Т	У	А	І	Ю	Ц	Д	У	И	А	И	Л	В	К
Е	Ч	Д	К	Ф	Є	Р	Х	М	С	Й	Ь	Н	Р
И	Ж	Т	О	Т	Ь	И	Ж	Ь	Н	Т	Н	И	О
Т	Ґ	Л	Г	Ж	И	Й	Х	Ґ	И	Ґ	И	Й	М
Г	Щ	К	Є	Т	Н	Ч	Б	Е	Й	В	Й	Й	Н
Щ	Е	Д	Р	И	Й	І	Н	А	С	Д	Ґ	Ю	И
К	О	Р	И	С	Н	И	Й	И	И	Х	Т	Р	Й
Ч	И	Ч	А	Р	І	В	Н	И	Й	Ґ	Л	У	И

ХУДОЖНІЙ

КОРИСНИЙ

СКРОМНИЙ

ВИРІШАЛЬНИЙ

НАДІЙНІ

ЧАРІВНИЙ

ЕФЕКТИВНИЙ

ПРИСТРАСНИЙ

ЩЕДРИЙ

РОЗУМНИЙ

ЦІКАВИЙ

ПАЦІЄНТ

ПРАКТИЧНИЙ

ЧИСТИЙ

МУДРИЙ

69 - Kampioenschap

```
Ф  В  Щ  К  И  М  Ґ  Ч  Е  М  П  І  О  Н
М  И  П  Ь  Р  Р  Ю  О  П  О  О  С  Х  Ц
Х  К  Б  Ч  Я  С  Т  Р  А  Т  Е  Г  І  Я
Р  О  Х  Е  М  У  Р  Н  Ш  И  Ф  Щ  В  О
Р  Н  Т  М  Е  Д  А  Л  Ь  В  І  Ю  У  Е
В  А  С  П  Ф  Ґ  К  О  М  А  Н  Д  А  І
Х  Н  П  І  С  У  Д  Д  Я  Ц  А  С  Ж  П
Р  Н  Ч  О  П  І  Т  І  П  І  Л  Ц  К  Я
Т  Я  Б  Н  О  Д  Р  Е  Я  Я  І  Щ  Х  Ж
Ч  У  В  А  Р  Р  Е  А  Х  Ґ  С  Ц  Ж  Ш
К  Б  Р  Т  Т  О  Н  У  Ж  Ц  Т  С  І  В
А  М  Д  Н  М  П  Е  Р  Е  М  О  Г  А  В
Б  Л  Е  П  І  Г  Р  И  В  У  Г  С  Ш  М
Є  Ь  Ь  Г  Ґ  Є  Р  Л  І  Г  А  М  Ж  Х  Б
```

ФІНАЛІСТ	СУДДЯ
ІГРИ	СПОРТ
ЧЕМПІОН	СТРАТЕГІЯ
ЧЕМПІОНАТ	КОМАНДА
ЛІГА	ТУРНІР
МЕДАЛЬ	ТРЕНЕР
МОТИВАЦІЯ	ПІТ
ВИКОНАННЯ	ПЕРЕМОГА

70 - Exploratie

```
Н Д І Я Л Ь Н І С Т Ь Ч Ш Р
П Е М У Ж Н І С Т Ь Ф Ф О І
В Р Б Ґ И Д Е Ь Б Ж Ч Ю У Ш
Ф Ч О Е Х Б Т В А Р И Н І У
Д Г Л С З К С И І Ь П С Б Ч
Ь Ж М Л Т П Л Л У Д С Щ Б І
Ь Ґ Ч Е Е І Е Р Ж А О Ж Ю С
С Щ Ж Ь Б М Р К П Л И М Ц Т
Б К У Л Ь Т У Р И Е Н О И Ь
В І Д К Р И Т Т Я К О В І Й
З Б У Д Ж Е Н Н Я И В А А Б
Д И К И Й М Р Ґ У Й И Ц Ш О
В И С Н А Ж Е Н Н Я Й О І О
Є Д П О Д О Р О Ж У В А Т И
```

ДІЯЛЬНІСТЬ	ВІДКРИТТЯ
РІШУЧІСТЬ	ЗБУДЖЕННЯ
КУЛЬТУРИ	ПОДОРОЖУВАТИ
ТВАРИН	ПРОСТІР
НЕБЕЗПЕКИ	МОВА
МУЖНІСТЬ	ВИСНАЖЕННЯ
НОВИЙ	ДАЛЕКИЙ
НЕВІДОМИЙ	ДИКИЙ

71 - Voertuigen

П	Е	Ж	О	Р	П	П	О	Ї	З	Д	О	Ш	Ь
П	Р	Щ	Д	А	Ш	Л	Т	А	К	С	І	Ч	Б
Ц	Ь	Ч	И	К	В	І	Н	У	Н	А	Ф	О	Ц
М	Е	Щ	В	Е	Р	Т	О	Л	І	Т	Щ	В	Т
В	Ф	А	В	Т	О	М	О	Б	І	Л	Ь	Е	В
К	Е	Ґ	Г	А	Е	Л	Х	Б	Ж	Ч	П	Н	А
А	Ф	Л	І	Т	А	К	Ц	Ф	У	Р	Г	О	Н
Р	П	Г	О	Д	В	И	Г	У	Н	С	Н	Ґ	Т
А	Є	О	Б	С	М	Е	Т	Р	О	Р	К	Є	А
В	Щ	Ц	Р	М	И	Т	Р	А	К	Т	О	Р	Ж
А	Є	Ш	М	О	М	П	Ж	Ц	П	Ш	Т	Я	І
Н	Ш	Ю	Є	О	М	А	Е	Ц	У	И	Б	У	В
С	К	У	Т	Е	Р	О	М	Д	Р	Н	Ю	В	К
К	Ґ	А	Ж	Є	Є	Ч	О	В	Н	И	К	Д	А

АВТОМОБІЛЬ
ШИНИ
ФУРГОН
ЧОВЕН
АВТОБУС
КАРАВАН
ВЕЛОСИПЕД
ВЕРТОЛІТ
МЕТРО
ДВИГУН

РАКЕТА
СКУТЕР
ЧОВНИК
ТАКСІ
ТРАКТОР
ПОЇЗД
ПОРОМ
ЛІТАК
ПЛІТ
ВАНТАЖІВКА

72 - Geografie

```
Ґ  І  М  Ш  В  К  Я  Л  М  Т  Щ  В  К  З
С  И  Т  Р  И  Ю  Р  Е  Г  І  О  Н  А  А
В  Ж  Ч  П  С  Р  Л  А  Т  Л  А  С  Р  Х
І  М  І  М  О  С  О  Ю  Ї  Ш  П  Ж  Т  І
Т  У  К  О  Т  Т  Щ  Т  Ф  Н  Е  Д  А  Д
І  Г  О  Р  А  С  Б  Р  А  Я  А  Г  Н  А
Я  Е  М  Е  Р  И  Д  І  А  Н  Б  О  Ю  Ш
П  І  В  Д  Е  Н  Ь  Ч  О  С  Т  Р  І  В
М  І  С  Т  О  Д  Е  К  В  А  Т  О  Р  О
П  І  В  Н  І  Ч  В  А  У  А  Е  У  Д  К
Ж  О  Р  К  О  Н  Т  И  Н  Е  Н  Т  У  Е
Е  Ш  А  П  У  Ч  Я  Е  Ь  Е  И  Н  С  А
Н  Ф  Г  Н  В  Л  Т  Ю  В  Ь  Є  Ш  Ж  Н
Я  И  Ю  О  Я  Е  Я  Л  Р  Ю  Х  Ф  Ю  У
```

АТЛАС	МЕРИДІАН
ГОРА	ПІВНІЧ
ШИРОТА	ОКЕАН
КОНТИНЕНТ	РЕГІОН
ОСТРІВ	РІЧКА
ЕКВАТОР	МІСТО
ПІВКУЛЯ	СВІТ
ВИСОТА	ЗАХІД
КАРТА	МОРЕ
КРАЇНА	ПІВДЕНЬ

73 - Kunstbenodigdheden

```
К  К  О  Л  Ь  О  Р  И  К  Г  Ь  Я  І  У
Г  Л  И  Н  А  Ч  О  Р  Н  И  Л  О  Б  Я
Т  Б  Е  К  Ю  А  Е  О  К  Б  Н  В  Т  Щ
Т  Б  Т  Й  Ш  Н  Ч  У  И  Т  Г  А  М  М
А  К  В  А  Р  Е  Л  І  О  Л  І  В  Ц  І
Б  М  О  Л  Ь  Б  Е  Р  Т  В  Ь  А  А  Ч
Л  К  О  В  О  Д  А  О  Т  Ц  Щ  С  М  Ш
И  А  Б  Л  Х  Г  М  Е  Я  Р  В  Т  У  П
Ц  М  Ш  Н  І  А  Г  У  М  К  А  Ж  С  А
Я  Е  Д  Д  Х  Я  Ч  Ф  А  Р  Б  И  Я  П
Є  Р  Г  Х  Щ  І  Т  К  А  І  Д  Е  Ї  І
Н  А  Л  Т  В  О  Р  Ч  І  С  Т  Ь  Ф  Р
Ю  Б  П  У  Д  А  К  Р  И  Л  О  В  И  Й
П  А  С  Т  Е  Л  І  П  Ж  О  Ґ  Б  Щ  К
```

АКРИЛОВИЙ	КОЛЬОРИ
АКВАРЕЛІ	КЛЕЙ
ЩІТКА	ОЛІЯ
КАМЕРА	ПАПІР
ТВОРЧІСТЬ	ПАСТЕЛІ
МОЛЬБЕРТ	ОЛІВЦІ
ГУМКА	КРІСЛО
ІДЕЇ	ТАБЛИЦЯ
ЧОРНИЛО	ФАРБИ
ГЛИНА	ВОДА

74 - Barbecues

```
Г  Г  Х  Ч  Х  Ю  Л  Б  Ь  Н  В  Ж  Ш  А
Р  О  Д  И  Н  А  Л  Є  Ж  О  Е  К  Н  Б
И  Л  Б  Х  В  И  Л  К  И  Ж  Ч  Х  Я  Є
Л  О  Ц  И  Б  У  Л  Я  Б  І  Е  Д  Ж  Д
Ь  Д  Л  С  І  Л  Ь  В  Щ  Ф  Р  У  К  Т
З  А  П  Р  О  Ш  Е  Н  Н  Я  Я  О  У  П
Ь  Ь  А  Ш  Т  Н  Г  С  П  Щ  Г  Б  Р  О
О  В  О  Ч  І  П  С  А  Е  Ч  Е  І  К  М
С  О  У  С  К  Д  А  Ч  Р  І  П  Д  А  І
М  У  З  И  К  А  Л  Н  Е  Я  Щ  Н  С  Д
Ґ  Щ  Х  Г  Я  Ш  А  К  Ц  Ф  Ч  Щ  У  О
Д  Є  Н  У  И  Ґ  Т  Г  Ь  Ш  У  Е  І  Р
С  Н  Н  Д  Ц  Ч  И  Л  І  Т  О  Ж  Ф  И
Щ  Ц  Х  Н  А  Ю  Н  С  О  К  Ь  А  Щ  Ь
```

ВЕЧЕРЯ	МУЗИКА
РОДИНА	ПЕРЕЦЬ
ФРУКТ	САЛАТИ
ГРИЛЬ	СОУС
ОВОЧІ	ПОМІДОРИ
ГАРЯЧЕ	ЦИБУЛЯ
ГОЛОД	ЗАПРОШЕННЯ
КУРКА	ВИЛКИ
ОБІД	ЛІТО
НОЖІ	СІЛЬ

75 - Wetenschappelijke Discip

М	Е	Т	Е	О	Р	О	Л	О	Г	І	Я	Н	М
Ц	А	А	С	Т	Р	О	Н	О	М	І	Я	М	Е
Ц	Р	П	П	І	Г	Ю	А	І	Ф	М	Е	І	Х
Г	Х	Ч	Щ	П	Е	Л	Н	Б	І	У	К	Н	А
Б	Е	Ц	Ь	С	Ґ	У	А	Р	З	Н	О	Е	Н
Ґ	О	О	П	И	П	Р	Т	Б	І	О	Л	Р	І
Х	Л	И	Л	Х	У	В	О	І	О	Л	О	А	К
О	О	Д	К	О	Ь	Щ	М	О	Л	О	Г	Л	А
Г	Г	Б	М	Л	Г	Ц	І	Х	О	Г	І	О	Д
Б	І	О	Л	О	Г	І	Я	І	Г	І	Я	Г	В
И	Я	Ь	К	Г	Ф	Ґ	Я	М	І	Я	Л	І	Р
М	Б	Д	Ч	І	Х	І	М	І	Я	Х	Ч	Я	Я
О	А	Ф	Л	Я	Я	И	Ч	Я	Е	Ю	Л	І	Ц
Т	Е	Р	М	О	Д	И	Н	А	М	І	К	А	Ф

АНАТОМІЯ
АРХЕОЛОГІЯ
АСТРОНОМІЯ
БІОХІМІЯ
БІОЛОГІЯ
ХІМІЯ
ЕКОЛОГІЯ
ФІЗІОЛОГІЯ

ГЕОЛОГІЯ
ІМУНОЛОГІЯ
МЕХАНІКА
МЕТЕОРОЛОГІЯ
МІНЕРАЛОГІЯ
ПСИХОЛОГІЯ
ТЕРМОДИНАМІКА

76 - Bijvoeglijke Naamwoorden

І	В	Я	О	С	О	Л	О	Н	И	Й	Т	Е	Ч
С	Т	В	О	Р	Ч	И	Й	Г	Ь	Ж	У	Т	И
О	В	І	В	Л	Є	Ш	Н	О	О	П	У	П	С
Б	С	І	П	О	І	Є	О	Л	Ц	Р	А	К	Т
Д	П	Ь	Ж	С	Ч	Ж	Р	О	І	И	Д	Г	И
А	Р	Т	Н	И	Г	Р	М	Д	К	Р	Р	И	Й
Р	А	Ж	Щ	Л	Й	С	А	Н	А	О	А	З	Й
О	В	Ж	А	Ь	И	О	Л	И	В	Д	М	Д	Я
В	Ж	Г	Є	Н	Ж	Н	Ь	Й	И	Н	А	О	Ч
А	Н	О	В	И	Й	Н	Н	І	Й	И	Т	Р	Д
Н	І	У	Щ	Й	Л	И	И	Ж	Є	Й	И	О	И
И	М	Ц	В	Л	Е	Й	Й	И	Ц	К	Ч	В	К
Й	А	И	В	Т	О	М	И	В	С	Я	Н	И	И
О	П	И	С	О	В	И	Й	М	Щ	Ф	І	Й	Й

СПРАВЖНІМ
ОБДАРОВАНИЙ
ОПИСОВИЙ
ТВОРЧИЙ
ДРАМАТИЧНІ
ЗДОРОВИЙ
ГОЛОДНИЙ
ЦІКАВИЙ
ВТОМИВСЯ
ПРИРОДНИЙ

НОВИЙ
НОРМАЛЬНИЙ
СОННИЙ
СИЛЬНИЙ
ГОРДИЙ
СВІЖИЙ
ДИКИЙ
СОЛОНИЙ
ЧИСТИЙ

77 - Kleding

Н	Т	Г	Е	Ш	К	А	Р	П	Е	Т	К	И	Ґ
О	А	Ш	Ж	Т	У	Ь	О	Е	П	В	А	Л	Ґ
В	Р	М	С	У	Т	Ш	Є	Х	К	Щ	У	Я	Х
З	У	П	И	Ш	А	Р	Ф	А	Р	Т	У	Х	Х
У	К	А	Л	С	Н	Р	Р	К	У	Р	Т	К	А
Т	А	Л	Щ	Ґ	Т	П	Ш	К	Х	Ч	Ш	Ш	С
Т	В	Ь	Ю	Б	С	О	Р	О	Ч	К	А	Т	А
Я	И	Т	П	Л	А	Т	Т	Я	М	В	А	А	Н
Я	Ч	О	Г	У	Я	П	Ц	Е	Т	О	Н	Н	Д
С	К	Е	А	З	А	Ш	О	М	Б	І	Д	И	А
І	И	Є	Б	К	Д	Ь	И	Я	У	Ь	П	А	Л
Г	К	Б	Р	А	С	Л	Е	Т	С	Ф	Ч	Л	І
С	П	І	Д	Н	И	Ц	Я	П	І	Ж	А	М	А
П	І	С	В	Е	Т	Р	К	А	П	Е	Л	Ю	Х

БРАСЛЕТ
БЛУЗКА
ШТАНИ
РУКАВИЧКИ
КАПЕЛЮХ
ПАЛЬТО
КУРТКА
ПЛАТТЯ
НАМИСТО
МОДА

ПІЖАМА
ПОЯС
СПІДНИЦЯ
САНДАЛІ
ВЗУТТЯ
ФАРТУХ
СОРОЧКА
ШАРФ
ШКАРПЕТКИ
СВЕТР

78 - Vliegtuigen

Н	Ф	К	С	Ю	К	Ч	Я	Ч	Ч	П	Ж	Г	З
П	А	С	А	Ж	И	Р	И	Ґ	Ш	Х	М	О	А
Ф	И	П	А	Л	И	В	О	П	І	Л	О	Т	П
П	П	У	Р	А	Т	М	О	С	Ф	Е	Р	А	У
Р	О	С	П	Я	Ц	Ц	Ш	Ц	Н	Е	Б	О	С
И	В	К	В	Ф	М	П	О	С	А	Д	К	А	К
Г	І	С	Т	О	Р	І	Я	В	Д	Ґ	Є	Г	О
О	Т	М	Б	У	Д	І	В	Н	И	Ц	Т	В	О
Д	Р	Ц	Ф	Д	С	Е	І	Г	З	П	В	И	В
А	Я	Н	Е	Ч	В	Е	Н	Ф	А	О	Ш	Н	И
Е	К	І	П	А	Ж	И	Ь	Й	Г	Е	Т	С
Л	М	Ф	Ж	Ш	Є	В	Г	М	Н	О	Є	И	О
Є	Т	Ф	Ц	С	А	Н	Я	У	Ж	Д	С	І	Т
М	В	Е	Є	К	Н	Ь	К	Ґ	Н	А	Т	Б	А

СПУСК   ПОСАДКА
АТМОСФЕРА   ПОВІТРЯ
ПРИГОДА   ДВИГУН
ЕКІПАЖ   ДИЗАЙН
БУДІВНИЦТВО   ПАСАЖИР
ПАЛИВО   ПІЛОТ
ІСТОРІЯ   ГВИНТИ
НЕБО   НАПРЯМ
ВИСОТА   ВОДЕНЬ
ЗАПУСК   ПОГОДА

79 - Herbalisme

Ч	Ф	Б	І	Х	У	Х	М	Р	Е	П	Ґ	Р	Ц
П	А	З	Е	Л	Е	Н	И	Й	С	Б	А	О	Ч
Е	Р	С	Л	І	Ь	Ґ	Е	Г	Т	Ь	А	З	П
Т	О	К	Н	К	В	Б	Х	Т	Р	А	О	М	М
Р	М	У	І	И	Я	Ґ	Ь	Ш	А	Ф	Р	А	Н
У	А	Л	Н	І	К	Р	І	П	Г	М	Е	Р	Ч
Ш	Т	І	Г	Б	І	В	Ж	У	О	А	Г	И	Е
К	С	Н	Р	Б	С	А	І	Д	Н	Й	А	Н	Б
А	Т	А	Е	Ь	Т	С	Ш	Т	Р	О	Н	Г	Р
Ґ	Ч	Р	Д	Р	Ь	И	Р	Ж	К	Р	О	І	Е
Ф	Ф	Н	І	О	Ю	Л	А	Г	К	А	С	Ю	Ц
Н	Ь	І	Є	Д	Л	Ь	Ґ	Д	Д	Н	П	И	Ь
Ж	Щ	П	Н	Р	Л	А	В	А	Н	Д	А	Л	У
Ь	Ю	У	Т	Я	П	Р	Ф	Е	Н	Х	Е	Л	Ь

ВАСИЛЬ
КВІТКА
КУЛІНАРНІ
КРІП
ЕСТРАГОН
ЗЕЛЕНИЙ
ІНГРЕДІЄНТ
ЧАСНИК
ЯКІСТЬ
ЛАВАНДА

МАЙОРАН
ОРЕГАНО
ПЕТРУШКА
РОЗМАРИН
ШАФРАН
АРОМАТ
ЧЕБРЕЦЬ
САД
ФЕНХЕЛЬ

80 - Meubels

К	Р	Ш	Ґ	Ц	Ц	І	Ю	Д	И	В	А	Н	Х
О	Н	І	Т	Х	М	О	О	З	С	Ф	Т	Е	С
М	К	И	П	О	Я	Ш	Ч	Е	Я	І	Ф	С	Ц
О	Н	Г	Ж	Г	Р	Б	Ю	Р	О	Ф	Ю	И	Б
Д	Є	А	Є	К	П	И	Я	К	Е	Ь	Я	Т	М
П	П	Ф	У	Т	О	Н	Л	А	М	П	А	Х	А
О	Ж	Ж	Я	Л	Д	В	І	Л	Л	В	В	К	Т
Д	Г	М	Ц	Ж	У	Л	А	О	В	Ж	А	Р	Р
У	У	А	Х	С	Ш	І	П	Ш	Ш	В	Г	І	А
Ш	Б	Ж	М	І	К	Ж	О	О	А	Ж	Ю	С	Ц
К	Г	Ь	Щ	А	А	К	Л	С	Ґ	Ф	Г	Л	Г
И	Т	Ь	Ж	Л	К	О	И	Г	Ь	Е	А	О	Ю
К	И	Л	И	М	О	К	Ц	Л	П	Д	Ш	Т	Б
Р	М	А	Є	П	О	Щ	І	К	Д	Х	А	Т	К

ДИВАН
ЛІЖКО
КНИЖКОВА ШАФА
БЮРО
КОМОД
ФУТОН
ШТОРИ
ГАМАК

ПОДУШКА
ПОДУШКИ
ЛАМПА
МАТРАЦ
ПОЛИЦІ
ДЗЕРКАЛО
КРІСЛО
КИЛИМОК

81 - Piraten

П	Ц	Ь	К	П	К	Щ	Я	К	І	Р	О	М	П
Р	Е	Е	А	Р	С	А	Є	У	Д	Е	Ф	Ф	Л
А	Щ	Ш	Р	И	Я	Ю	П	Е	Ч	Е	Р	А	Я
П	Р	К	Ц	Г	Г	Е	К	І	П	А	Ж	Б	Ж
О	У	И	З	О	Л	О	Т	О	Т	Ш	Р	А	М
Р	М	Я	Л	Д	С	К	А	Р	Т	А	В	Н	Е
О	П	П	Л	А	Н	Т	О	К	Е	А	Н	Е	Ч
С	Ю	О	Д	П	У	Ґ	Р	М	Р	Ч	Ю	Б	Щ
Л	Е	Г	Е	Н	Д	А	П	І	П	Е	М	Е	Я
Ш	Л	А	А	І	П	Е	Е	Д	В	А	Ю	З	У
С	Ф	Н	Щ	П	Я	Т	Я	О	Н	Б	С	П	Б
С	В	И	Я	М	Ф	Д	Р	Ф	А	С	Г	Е	Н
К	Г	Й	Д	Н	И	Ґ	Ч	Х	Н	Д	К	К	Ь
С	К	А	Р	Б	П	А	П	У	Г	А	Щ	А	Д

ЯКІР	ЛЕГЕНДА
ПРИГОДА	ШРАМ
ЕКІПАЖ	ОКЕАН
ОСТРІВ	ПАПУГА
НЕБЕЗПЕКА	РОМ
ЗОЛОТО	СКАРБ
ПЕЧЕРА	ПОГАНИЙ
КАРТА	ПЛЯЖ
КАПІТАН	ПРАПОР
КОМПАС	МЕЧ

82 - Om in te Vullen

Т	П	Г	Х	М	И	Б	Ш	Д	И	Л	Т	Ж	К
Х	А	Л	Ю	Д	Я	Я	В	Є	Я	О	Р	Ц	О
О	К	Е	Я	Х	Л	Щ	И	Х	О	Т	У	Ч	Н
Д	Е	К	Н	Ш	Ш	И	В	Ф	Ч	О	Б	И	В
А	Т	И	П	П	К	К	О	Ш	И	К	А	Д	Е
Ю	Ш	Ш	Ю	Ц	Р	А	Ц	Ж	В	Е	Б	О	Р
Ф	И	Е	Я	О	Ф	Д	Ю	Ю	Ь	В	А	П	Т
Т	Ц	Н	И	П	Ґ	Ш	П	Ф	Я	К	С	К	О
Ш	О	Я	Ь	П	Ю	Л	У	П	Б	Ш	Е	Н	Е
В	І	Д	Р	О	Н	С	В	Х	П	Б	Й	Б	Д
А	Ґ	В	А	Л	І	З	А	Ф	Л	А	Н	О	Ф
З	К	О	Р	О	Б	К	А	У	Т	Я	П	Ч	У
А	О	Ц	Ь	С	Ь	А	Ь	Л	Б	Д	Д	К	М
Ь	Ж	А	Р	П	К	В	М	И	Ґ	С	Є	А	А

БАСЕЙН
ТРУБА
ЛОТОК
ЯЩИК
ВІДРО
КОНВЕРТ
ПЛЯШКА
КОРОБКА
ВАЛІЗА

ШУХЛЯДА
КОШИК
ПАПКА
ПАКЕТ
ГЛЕК
ВАЗА
БОЧКА
КИШЕНЯ

83 - Surfen

В	Ґ	Р	Ц	Ґ	П	Ю	Т	С	Р	Ґ	І	Ш	А
Е	П	Я	Х	К	І	Т	А	У	Є	О	Г	В	Ь
С	Б	О	П	Щ	Н	Ж	С	Л	С	Ш	Ч	И	И
Е	В	С	К	И	А	П	И	И	Д	К	Ґ	Д	Б
Л	Ж	Г	П	Т	Ю	П	Л	Я	Ж	Х	А	К	Ш
О	Ч	Н	Ч	О	К	Е	А	Н	Я	В	М	І	Ш
Щ	Ф	О	А	С	Р	И	Ф	Ф	І	И	П	С	Л
І	Х	Ж	Н	Т	Є	Т	В	Е	С	Л	О	Т	У
О	Ч	П	О	И	О	Я	С	С	К	Я	Г	Ь	Н
Т	Щ	Ю	В	Л	Ч	В	Е	М	Ж	У	О	А	О
Г	Є	І	А	Ь	И	С	П	Р	Е	Й	Д	У	К
М	Х	Ж	Ч	Е	М	П	І	О	Н	Н	А	Т	І
Е	Л	П	О	П	У	Л	Я	Р	Н	И	Й	Е	Д
Є	Ж	С	К	Ш	А	В	П	Л	А	В	А	Т	И

СПОРТСМЕН
НОВАЧОК
ХВИЛЯ
ЧЕМПІОН
СИЛА
ШЛУНОК
НАТОВП
ОКЕАН
ВЕСЛО
ВЕСЕЛОЩІ

ПОПУЛЯРНИЙ
РИФ
ПІНА
ШВИДКІСТЬ
СПРЕЙ
СТИЛЬ
ПЛЯЖ
ПОГОДА
ПЛАВАТИ

84 - Rijden

Б	Н	А	В	Т	О	М	О	Б	І	Л	Ь	К	М
Н	Е	М	П	Т	Ш	М	О	Т	О	Р	Ц	А	О
Ц	Б	З	Ь	Ґ	В	А	Ц	У	Р	Я	Щ	Р	Т
К	Е	Г	П	Б	И	О	С	Н	К	А	Ц	Т	О
Ц	З	Щ	І	Е	Д	Ш	Е	Ц	О	Ф	А	Ц	Ц
Л	П	Ь	Ш	Т	К	П	Р	Л	Г	Б	Ж	І	И
Т	Е	Ь	О	У	І	А	А	Ь	С	Б	О	С	К
И	К	Ф	Х	Б	С	В	У	Л	И	Ц	Я	П	Л
Ц	А	Л	І	І	Т	К	О	У	И	А	Н	О	Є
А	Ж	К	Д	Ь	Ц	Ц	В	Ж	В	В	Л	Г
Г	А	Р	А	Ж	Г	А	Л	Ь	М	А	О	І	П
А	Л	І	Ц	Е	Н	З	І	Я	Ж	Р	Ц	Ц	І
З	Д	О	Р	О	Г	А	Є	С	У	І	Л	І	У
В	А	Н	Т	А	Ж	І	В	К	А	Я	П	Я	І

АВТОМОБІЛЬ
ПАЛИВО
ГАРАЖ
ГАЗ
НЕБЕЗПЕКА
КАРТА
ЛІЦЕНЗІЯ
МОТОР
МОТОЦИКЛ
АВАРІЯ

ПОЛІЦІЯ
ГАЛЬМА
ШВИДКІСТЬ
ВУЛИЦЯ
ТУНЕЛЬ
БЕЗПЕКА
ТРАФІК
ПІШОХІД
ВАНТАЖІВКА
ДОРОГА

85 - Wetenschap

Ф	П	Р	И	Р	О	Д	А	В	Е	Е	Б	І	Ч
М	І	Є	Ґ	М	И	Д	Ж	Д	К	В	М	В	А
Х	О	З	Г	С	Ф	А	К	Т	С	О	В	Б	С
Є	І	Л	И	Б	Ґ	Н	Л	Ь	П	Л	И	Х	Т
Я	Т	М	Е	К	Ь	І	І	А	Е	Ю	К	В	И
Н	Г	Р	І	К	А	Я	М	М	Р	Ц	О	Ч	Н
Ч	Щ	К	Ґ	Ч	У	А	А	Г	И	І	П	Е	К
Ш	Щ	И	Ж	Ж	Н	Л	Т	П	М	Я	Н	Н	И
А	Ф	С	К	Р	К	І	И	Ц	Е	Ь	И	И	Є
Т	М	І	Н	Е	Р	А	Л	И	Н	А	Й	С
О	Р	Г	А	Н	І	З	М	Е	Т	О	Д	Б	Ч
М	Л	А	Б	О	Р	А	Т	О	Р	І	Я	Ц	Ж
С	П	О	С	Т	Е	Р	Е	Ж	Е	Н	Н	Я	Я
Г	І	П	О	Т	Е	З	А	А	А	Я	Ж	А	И	Т

АТОМ
ХІМІЧНІ
ЧАСТИНКИ
ЕВОЛЮЦІЯ
ЕКСПЕРИМЕНТ
ФАКТ
ВИКОПНИЙ
ДАНІ
ГІПОТЕЗА
КЛІМАТ

ЛАБОРАТОРІЯ
МЕТОД
МІНЕРАЛИ
МОЛЕКУЛИ
ПРИРОДА
ФІЗИКА
СПОСТЕРЕЖЕННЯ
ОРГАНІЗМ
ВЧЕНИЙ

86 - Badkamer

Г	Ж	Є	Щ	Е	У	Ж	В	О	Д	А	Р	И	Ц
Н	Ь	Б	У	Л	Ь	Б	А	Ш	К	И	У	К	О
А	О	П	В	М	И	Ь	Н	І	К	Т	Ш	Р	Ж
Е	Д	Ж	А	И	К	Л	Н	Е	И	Х	Н	А	Ф
Ф	Н	У	И	Р	А	І	А	Т	Л	Ч	И	Н	Р
І	Ц	Ж	О	Ц	И	В	К	Ш	И	У	К	Ц	А
Ц	В	П	Г	С	І	М	Н	А	М	Д	Т	Ц	Б
А	К	Ж	О	Ч	П	И	Л	М	О	В	У	А	Є
Д	З	Е	Р	К	А	Л	О	П	К	Я	А	Ш	Г
М	Ч	Ш	Б	Т	Р	О	С	У	Х	Є	Л	Ц	У
О	Н	О	М	В	Ф	Ю	Ь	Н	Ч	Ю	Е	О	Б
Ф	С	Г	П	Ґ	У	И	Й	Ь	Ґ	А	Т	Ю	К
Ц	И	Г	У	Т	М	Ь	О	О	Б	Є	Є	Х	А
Є	К	Ф	Р	Ж	И	Б	Н	Д	Ж	С	Х	И	Я

ВАННА	ШАМПУНЬ
БУЛЬБАШКИ	ДЗЕРКАЛО
ДУШ	ГУБКА
РУШНИК	ПАР
КРАН	КИЛИМОК
ЛОСЬЙОН	ВОДА
ПАРФУМИ	ТУАЛЕТ
НОЖИЦІ	МИЛО

87 - Hulpmiddelen

```
П О В Х Т Ґ І Є Е П К Л Є М
Ф Е Ь А Ш Ж Ш Ж Р Х О І Ц О
Н Ь П С Т Е П Л Е Р Л Н Ц Т
И І О І О Ґ Ш М Г Л Е І П У
Ж С Ж П Л С Д Я О І С Й Л З
Н О Ж И Ц І Х И Х Л О К О К
Ч К Л Е Й Т К О Е І О А С А
Ш И Т Ф Ь Т П А Д Ь Л Т К Р
Р Р К А Б Е Л Ь Х И О А О Т
Е А Ш К Р М Д К М У П А Г К
В Р Ю Е И М Ш Ч В Е А О У І
Т Х Я Л Т А Ж П Ж П Т Б Б Н
К В Р Г В И Н Т И О А Ю Ц Ю
М Н Х Ц А Є И Х Г С А Ф І И
```

СОКИРА	СТЕПЛЕР
ФАКЕЛ	НОЖИЦІ
МОЛОТОК	БРИТВА
ЛІНІЙКА	ЛОПАТА
КАБЕЛЬ	ГВИНТ
СХОДИ	ПЛОСКОГУБЦІ
КЛЕЙ	МОТУЗКА
НІЖ	КОЛЕСО

88 - Speelgoed

У	М	Ш	І	В	Ь	Р	П	К	Щ	М	Ь	Г	А
Я	Р	Н	М	А	Г	Ц	Ц	О	А	Є	Є	О	В
В	Б	І	Р	Н	А	Я	Ю	Б	Ї	В	П	Л	Т
А	У	М	К	Т	В	Д	Ю	Ц	Л	З	Л	О	О
Г	Л	И	Н	А	Р	Ж	В	Н	І	Ч	Д	В	М
Ж	Ю	І	И	Ж	Е	Ф	О	Б	Г	И	И	О	О
Л	Б	Л	Г	І	М	Ь	Ф	А	Р	Б	И	Л	Б
Я	Л	І	И	В	Е	Я	Ш	Р	И	Ч	Л	О	І
Л	Е	Т	Ф	К	С	Г	Ч	А	И	Л	О	М	Л
Ь	Н	А	Ж	А	Л	Ю	У	Б	Х	Ж	Б	К	Ь
К	И	К	Е	Б	А	Ф	Є	А	Б	И	Ш	А	Л
А	Й	Ч	О	В	Е	Н	У	Н	Р	О	Б	О	Т
В	Т	К	В	Х	К	Я	І	И	Ц	Т	Ч	Щ	Ц
В	Е	Л	О	С	И	П	Е	Д	Б	Ю	И	Б	Є

РЕМЕСЛА	ЛЯЛЬКА
АВТОМОБІЛЬ	ГОЛОВОЛОМКА
М'ЯЧ	РОБОТ
КНИГИ	ШАХИ
ЧОВЕН	ПОЇЗД
БАРАБАНИ	УЯВА
УЛЮБЛЕНИЙ	ФАРБИ
ВЕЛОСИПЕД	ЛІТАК
ІГРИ	ВАНТАЖІВКА
ГЛИНА	

89 - Muziekinstrumenten

```
Ф Г О Н Г И Ш Щ Г Ц П В Б Х
Е О І Ю Д Т Н К Ю Ю Ц Б У Л
И Б Р Т М Ґ Ф Л Е Й Т А Б Л
Я О Т Т А Р Ф А А Ж Р Н О Б
Г Й Ґ Р Е Р Ц Т О В О Д Н А
И В В С У П А Г Т Ч М Ж Ґ Р
Ц Ч У Я Б Б І Ґ Ш Л Б О Ц А
Е И Д Е П Г А А Л Д О Б Р Б
О М А Н Д О Л І Н А Н Р Ц А
Г А Р М О Н І К А О Я Г Л Н
В І О Л О Н Ч Е Л Ь О У Я А
Б С А К С О Ф О Н Ц Я М Ц Ш
С К Р И П К А Ь І И Ж И Я Ч
Ф Є К Л А Р Н Е Т Ф А Г О Т
```

БАНДЖО	ГАРМОНІКА
ВІОЛОНЧЕЛЬ	УДАР
ФАГОТ	ФОРТЕПІАНО
ФЛЕЙТА	САКСОФОН
ГІТАРА	БУБОН
ГОНГ	ТРОМБОН
АРФА	БАРАБАН
ГОБОЙ	ТРУБА
КЛАРНЕТ	СКРИПКА
МАНДОЛІНА	

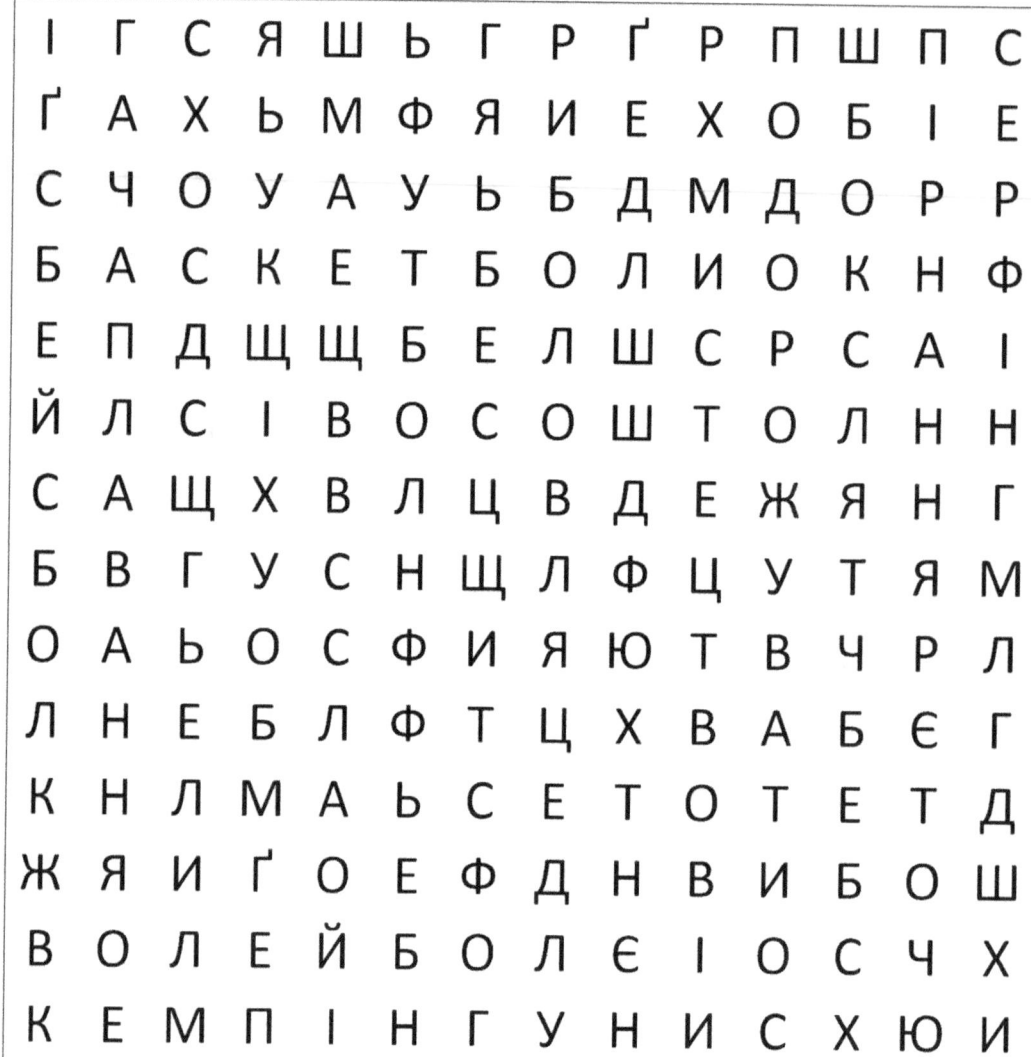

І	Г	С	Я	Ш	Ь	Г	Р	Ґ	Р	П	Ш	П	С
Ґ	А	Х	Ь	М	Ф	Я	И	Е	Х	О	Б	І	Е
С	Ч	О	У	А	У	Ь	Б	Д	М	Д	О	Р	Р
Б	А	С	К	Е	Т	Б	О	Л	И	О	К	Н	Ф
Е	П	Д	Щ	Щ	Б	Е	Л	Ш	С	Р	С	А	І
Й	Л	С	І	В	О	С	О	Ш	Т	О	Л	Н	Н
С	А	Щ	Х	В	Л	Ц	В	Д	Е	Ж	Я	Н	Г
Б	В	Г	У	С	Н	Щ	Л	Ф	Ц	У	Т	Я	М
О	А	Ь	О	С	Ф	И	Я	Ю	Т	В	Ч	Р	Л
Л	Н	Е	Б	Л	Ф	Т	Ц	Х	В	А	Б	Є	Г
К	Н	Л	М	А	Ь	С	Е	Т	О	Т	Е	Т	Д
Ж	Я	И	Ґ	О	Е	Ф	Д	Н	В	И	Б	О	Ш
В	О	Л	Е	Й	Б	О	Л	Є	І	О	С	Ч	Х
К	Е	М	П	І	Н	Г	У	Н	И	С	Х	Ю	И

БАСКЕТБОЛ
БОКС
ПІРНАННЯ
ГОЛЬФ
РИБОЛОВЛЯ
ХОБІ
БЕЙСБОЛ
КЕМПІНГ

МИСТЕЦТВО
ПОДОРОЖУВАТИ
СЕРФІНГ
ТЕНІС
САДІВНИЦТВО
ФУТБОЛ
ВОЛЕЙБОЛ
ПЛАВАННЯ

91 - Water

```
Д  Р  І  Ч  К  А  М  М  Я  Х  В  И  Л  І
Ч  О  Ю  Т  З  Х  У  Р  А  Г  А  Н  І  П
В  Д  Щ  М  М  Р  С  Н  І  Г  А  Ф  Д  И
О  С  Я  В  Ц  П  О  В  І  Н  Ь  Ц  У  Т
Л  У  Н  Т  Х  Х  Н  Ш  Ц  К  О  Т  Ш  Н
О  Г  Е  Й  З  Е  Р  М  Е  Щ  П  Л  К  И
Г  Ч  М  Е  Ю  М  И  Є  О  Н  Л  Ш  А  Й
І  Ґ  Ш  Г  О  У  Н  С  П  Р  Н  Ж  Н  Я
С  Т  Б  К  І  Г  Ф  К  Є  Ч  О  Я  А  В
Т  Ф  С  Ц  Е  А  Ж  Ц  Д  Н  І  З  Л  О
Ь  Ж  И  П  О  К  Е  А  Н  Ю  Г  Х  Ю  Л
В  И  П  А  Р  О  В  У  В  А  Н  Н  Я  О
О  З  Е  Р  О  А  Х  Т  Ь  Е  Я  Т  М  Г
Х  Ь  И  И  К  Ж  Щ  І  О  Я  Е  А  Р  І
```

ДУШ	УРАГАН
ПИТНИЙ	ПОВІНЬ
ГЕЙЗЕР	ДОЩ
ХВИЛІ	РІЧКА
ЛІД	СНІГ
ЗРОШЕННЯ	ПАР
КАНАЛ	ВИПАРОВУВАННЯ
ОЗЕРО	ВОЛОГІ
МУСОН	ВОЛОГІСТЬ
ОКЕАН	МОРОЗ

92 - Schaken

```
П Р А В И Л А Х Щ П С Х Г Х
Ч О Р Н И Й Ь Д Щ Р І Е Р Г
Г У Х Ю О Я Ч І К О Ю Н У Р
Ч Е М П І О Н А О Б С Щ Н О
Д А О О А Р І Г Р Л М Д С З
Г Щ С Ф Г С Ь О О Е Г Е Т У
К О Н К У Р С Н Л М И Р Р М
О П О Н Е Н Т А Е И И С А Н
Т Р С И М Л Ш Л В Ь Б К Т И
Р У О Є Л Н Л Ь А Ю І О Е Й
Ж Е Р Т В У В А Т И Л Р Г Т
Ш Г Т Н И Р Б Т Я П И О І Д
Ю І М П І Щ Ц Н В Ц Й Л Я Ю
Ю О В А Г Р А В Е Ц Ь Ь Щ Е
```

ДІАГОНАЛЬ	СТРАТЕГІЯ
ЧЕМПІОН	ОПОНЕНТ
КОРОЛЬ	ЧАС
КОРОЛЕВА	ТУРНІР
ЖЕРТВУВАТИ	ПРОБЛЕМИ
ПРАВИЛА	КОНКУРС
РОЗУМНИЙ	БІЛИЙ
ГРА	ЧОРНИЙ
ГРАВЕЦЬ	

93 - Boerderij #1

```
І  К  О  К  З  Г  Р  А  Я  М  К  Ф  Щ  Я
Щ  Д  Я  І  О  С  Е  Л  М  Ь  Е  Ф  Л  В
І  Ь  Ю  Н  Х  З  Ю  Л  Д  Ж  Ж  Д  Г  Щ
Д  Ґ  Щ  Ь  І  А  А  Н  А  С  І  Н  Н  Я
В  Ч  Б  Д  Ж  О  Л  А  І  Д  Д  И  Ж  Р
І  В  В  И  П  Т  К  Ч  Б  О  С  І  Б  Я
Б  Є  Ґ  Ч  К  С  І  Н  О  Б  І  П  У  Х
Ч  Є  Л  Ґ  Ґ  О  Ш  У  М  Р  И  С  Ю  Я
В  О  Р  О  Н  А  К  Л  Н  И  П  У  Ш  С
О  Я  Б  В  В  П  А  Я  Х  В  А  О  Ю  Щ
Д  Г  Ж  А  Т  Е  Л  Я  Б  О  Р  Ш  Л  Д
А  Ю  Ґ  Ь  Н  С  В  И  Н  Я  К  Б  С  Е
К  У  Р  К  А  У  И  И  П  О  А  Л  С  А
Ґ  Р  Ж  Х  К  О  Р  О  В  А  Н  С  Ю  У
```

БДЖОЛА	КОРОВА
ОСЕЛ	ВОРОНА
КОЗА	ЗГРАЯ
ПАРКАН	ДОБРИВО
ПЕС	КІНЬ
МЕД	РИС
СІНО	СВИНЯ
ТЕЛЯ	ПОЛЕ
КІШКА	ВОДА
КУРКА	НАСІННЯ

94 - Huis

```
Д Б С К Г С П А Л Ь Н Я Ч С
З П І Д В А Л И Д Д Л Ґ О Т
Е Ж Т Б В Л Л Ц В Е У Ж У Е
Р Щ Ф Х Л Л Ш Д Е О К Ш В Л
К Ш А Щ А І Я Ь Р Щ І П П Я
А М І Т Л А О К І М Н А Т А
Л П К А М І Н Т С О Ю Р Ю Е
О К И Л И М О К Е Ц Є К Ф Ш
К У Х Н Я Л М Ґ С К В А Є Т
О В Д Д И А К Ф Ц Ж А Н Г А
Ш П Н А Ь М Я Л Щ С Т І Н А
Ш Я Н Д И П О Ю С Щ Д Щ Ш С
Р Х Д С Р А А Щ Г А Р А Ж А
М Е Б Л І Д И М О Х І Д Х Д
```

МІТЛА	КУХНЯ
БІБЛІОТЕКА	ЛАМПА
ДАХ	МЕБЛІ
ДВЕРІ	СТІНА
ДУШ	СТЕЛЯ
ГАРАЖ	ДИМОХІД
КАМІН	СПАЛЬНЯ
ПАРКАН	ДЗЕРКАЛО
КІМНАТА	КИЛИМОК
ПІДВАЛ	САД

95 - Kleuren

```
Ж  Б  Є  Р  Б  К  Ф  Ґ  Л  Л  О  Ф  Ф  Б
В  Ч  А  О  Н  І  С  Ф  Щ  А  Р  У  І  Л
Ю  К  Б  Ж  Р  Ь  Л  Г  Д  З  А  С  О  А
Т  О  Е  Е  Ґ  У  І  И  Л  У  Н  У  Л  К
Т  Р  Ж  В  С  И  Н  І  Й  Р  Ж  М  Е  И
В  И  Е  И  Ю  И  Д  У  Т  Н  Е  Ж  Т  Т
Е  Ч  В  Й  Р  Ґ  И  К  Б  И  В  Е  О  Н
З  Н  И  Ч  У  Ю  Г  И  Ш  Й  И  Ф  В  И
Д  Е  Й  Ь  Т  Ж  О  В  Т  И  Й  Ф  И  Й
П  В  Л  Ч  Е  Р  В  О  Н  И  Й  У  Й  К
М  И  В  Е  С  Е  П  І  Я  Б  Ш  К  М  Є
Б  Й  Ш  Т  Н  Ж  С  І  Р  И  Й  С  Р  Д
І  Щ  А  Щ  Є  И  В  Т  Ф  Н  И  І  Я  Н
Ч  О  Р  Н  И  Й  Й  Ц  Ц  Р  І  Я  М  У
```

ЛАЗУРНИЙ	ІНДИГО
БЕЖЕВИЙ	ОРАНЖЕВИЙ
СИНІЙ	ФІОЛЕТОВИЙ
КОРИЧНЕВИЙ	ЧЕРВОНИЙ
БЛАКИТНИЙ	РОЖЕВИЙ
ФУКСІЯ	СЕПІЯ
ЖОВТИЙ	БІЛИЙ
СІРИЙ	ЧОРНИЙ
ЗЕЛЕНИЙ	

96 - Verjaardag

```
Д Н А Р О Д И В С Я Ш Ч Ґ П
Р Е А Ч Ш В Е С Е Л О Щ І О
А О Н Е Ь П К С Ю Ш Е Я Ч Д
Д С Г Ь І Я А П С Е Ц П Б А
І Л В З А П Р О Ш Е Н Н Я Р
С Д Ц І Р В Т Г Ь Ц Т У П У
Н О Г Д Ч И К А У Ь А Ф І Н
И Ґ Ґ Е А К И Д У Д В М С О
Й Р І К С Ц И И М Ю Р А Н К
С В Я Т К У В А Н Н Я У Я М
Ю М О Л О Д И Й Д А Ц К З С
К А Л Е Н Д А Р Х Р Е С Щ І
О С О Б Л И В И Й Ь Т О Р Т
О Ь Щ А С Л И В И Й Д І Є Я
```

РАДІСНИЙ	КАРТКИ
ТОРТ	КАЛЕНДАР
ДЕНЬ	ПІСНЯ
НАРОДИВСЯ	ВЕСЕЛОЩІ
ЩАСЛИВИЙ	ОСОБЛИВИЙ
ПОДАРУНОК	ЧАС
СПОГАДИ	ЗАПРОШЕННЯ
РІК	СВЯТКУВАННЯ
МОЛОДИЙ	ДРУЗІ
СВІЧКИ	

97 - Getallen

```
Н  К  Е  С  В  Ч  Ц  Ю  Д  Е  С  Я  Т  Ь
Ю  У  С  Ш  І  С  Т  Ь  Ж  Я  Ю  У  Ш  В
Ф  Д  Л  О  С  М  Ч  О  Т  И  Р  И  В  І
А  Е  Р  Ь  І  Щ  Ь  А  Ь  Ш  К  Л  О  С
П  В  І  Т  М  П  Р  С  Б  І  Ц  С  І  І
Я  Я  О  Д  И  Н  Ц  К  С  С  А  О  Ф  М
Т  Т  Т  Д  В  А  Д  Ц  Я  Т  Ь  Я  Л  Н
Ь  Ь  Ц  Н  Є  Ґ  Я  Ґ  М  Н  Г  Б  Б  А
Х  С  Р  Л  А  Т  Ґ  С  С  А  Р  Ц  М  Д
Ф  В  Ц  Т  Ц  Д  В  Т  Е  Д  Г  Ґ  Х  Ц
Ь  І  М  О  П  В  Ц  Л  Ц  Ц  Т  Р  И  Я
Я  Ж  Ґ  Х  В  А  У  Я  К  Я  Ю  Є  Т  Т
Е  Д  К  Ь  К  У  М  Ж  Т  Т  П  Ю  Б  Ь
Т  Р  И  Н  А  Д  Ц  Я  Т  Ь  М  Я  Л  Н
```

ВІСІМ	ДВА
ВІСІМНАДЦЯТЬ	ДВАДЦЯТЬ
ТРИНАДЦЯТЬ	ЧОТИРИ
ТРИ	П'ЯТЬ
ОДИН	П'ЯТНАДЦЯТЬ
ДЕВ'ЯТЬ	ШІСТЬ
НУЛЬ	ШІСТНАДЦЯТЬ
ДЕСЯТЬ	СІМ

98 - Boerderij #2

```
Ф М Ф У Л Ж Г Г О С К С Б Н
Е О К Р А Р А Ю П А А Л З С
П Л Є Є У М А Я Х Р Ч Ю Р К
А О В О Ч К Є Т Р А К Т О Р
С К И И Я Т Т Д Л Й А Є Ш В
Т О Ф Р У К Т О Ч Я В П Е У
У Ф Е Р М Е Р А В С Г Ю Н Л
Х П В Е О Д О Ж Ь И Щ Н Н И
К У К У Р У Д З А Х Й Н Я К
В Т В А Р И Н Т Ь Р С С Л Д
І Ш Ь І Ш В І Я Я Т П И А Ш
Л Ґ О Ґ В І Т Р Я К Ь И М Д
П Ш Е Н И Ц Я Ш Л У Г Ь А А
Х Л П Ф О Ш Я Ч М І Н Ь Ж Б
```

ВУЛИК	ЯГНЯ
ФЕРМЕР	ЛАМА
ФРУКТОВИЙ САД	КУКУРУДЗА
ТВАРИН	МОЛОКО
КАЧКА	ВІВЦЯ
ФРУКТ	САРАЙ
ЯЧМІНЬ	ПШЕНИЦЯ
ОВОЧ	ТРАКТОР
ПАСТУХ	ЛУГ
ЗРОШЕННЯ	ВІТРЯК

99 - Voeding

```
В П О З З Д О Р О В Я Т В Ї
І О В Д Е Т Ґ К Ц Т У Р У С
Т Ж Ш О Г Б Ц Ч У П Л А Г Т
А И Б Р О Д І Н Н Я Ж В Л І
М В О О Ф Г Щ Л Ґ Ч Б Л Е В
І Н С В А Г І Р К И Й Е В Н
Н И О И Щ У У Я Ж И Б Н О И
Я Й У Й Р І Д И Н И Б Н Д Й
Ь К С К А Л О Р І Й Н Я І Н
И О І Щ П Є Є І Ф М П Д В Ц
Ч И Г С Е Ґ Д А О Є П І Ш В
Ч Ю Ю І Т О К С И Н И Є Ч Ь
Х Я Х М И Ь А Р О М А Т В Ц
Х А Щ Ш Т Ж П Ь В Р В А Г А
```

ГІРКИЙ	ВУГЛЕВОДІВ
КАЛОРІЙ	ЯКІСТЬ
ДІЄТА	СОУС
ЇСТІВНИЙ	АРОМАТ
АПЕТИТ	ТРАВЛЕННЯ
БІЛКИ	ТОКСИН
БРОДІННЯ	ВІТАМІН
ВАГА	РІДИНИ
ЗДОРОВИЙ	ПОЖИВНИЙ
ЗДОРОВ'Я	

1 - Metingen

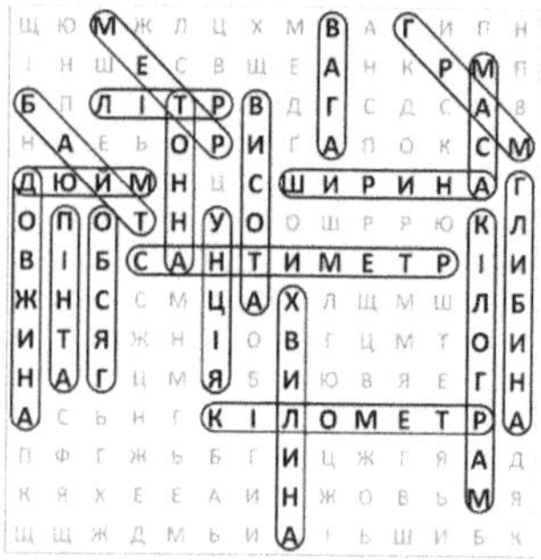

2 - Keuken

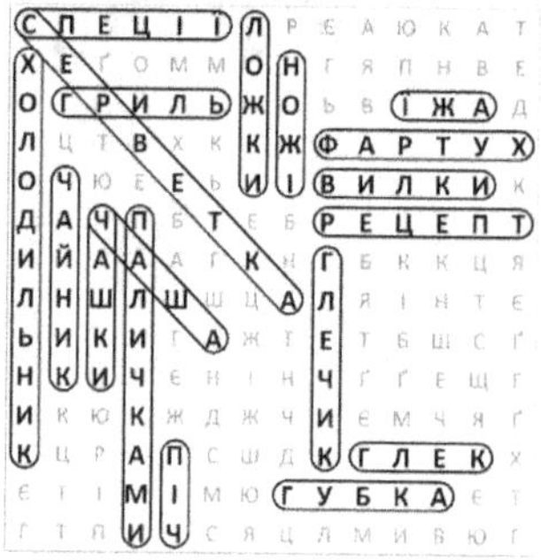

3 - Boten

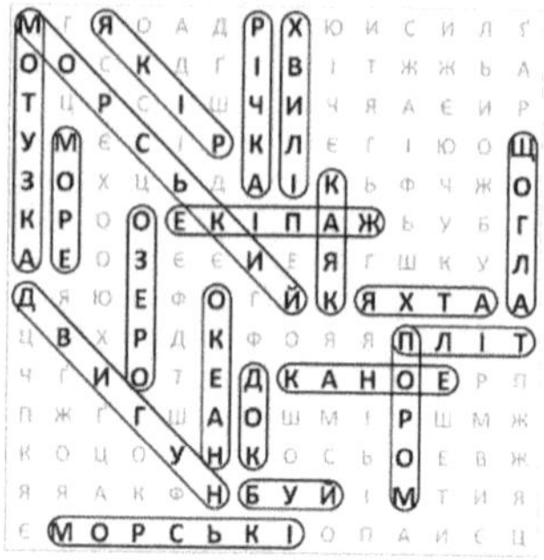

4 - Chocolade

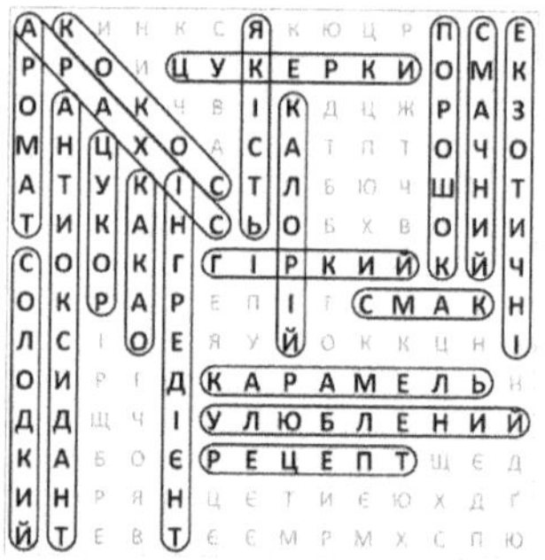

5 - Tijd

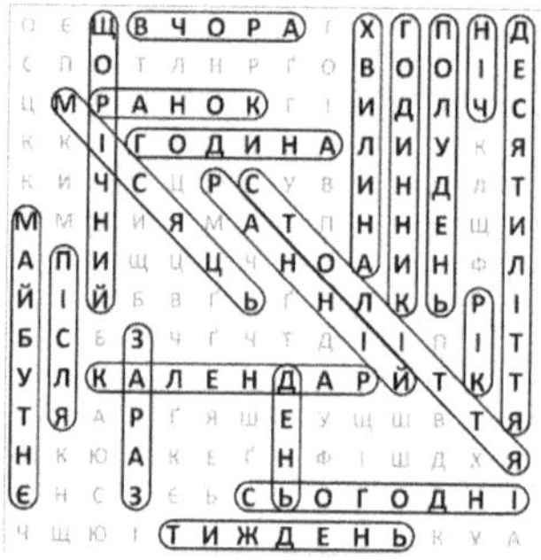

6 - Meditatie

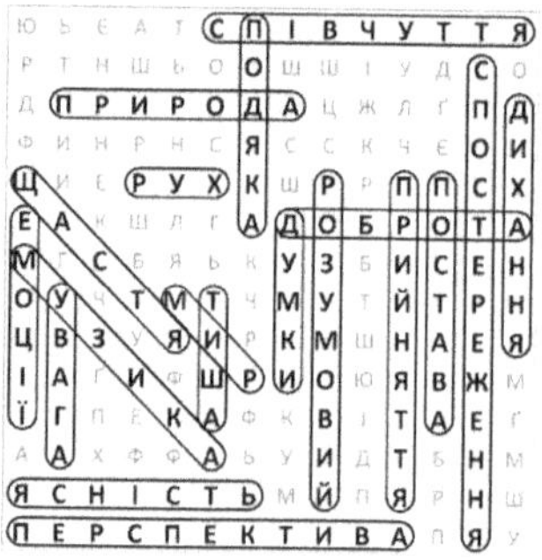

7 - Zomer

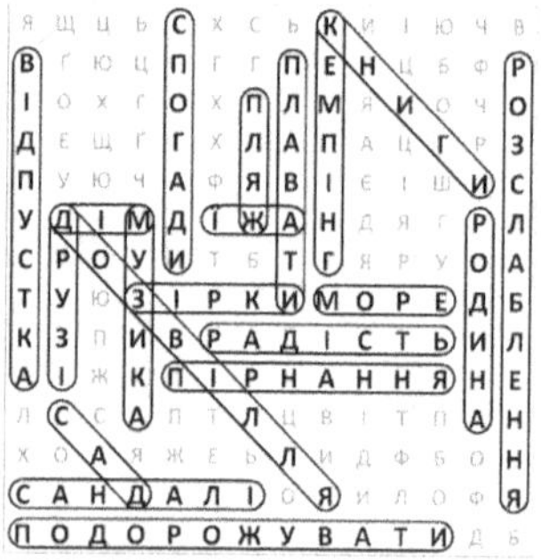

8 - Vogels

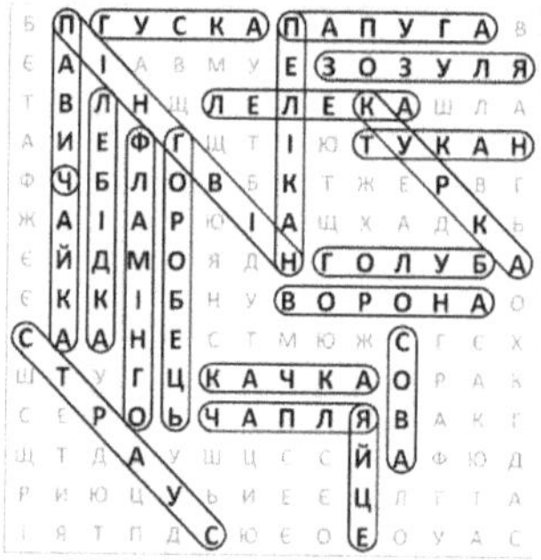

9 - Wiskunde

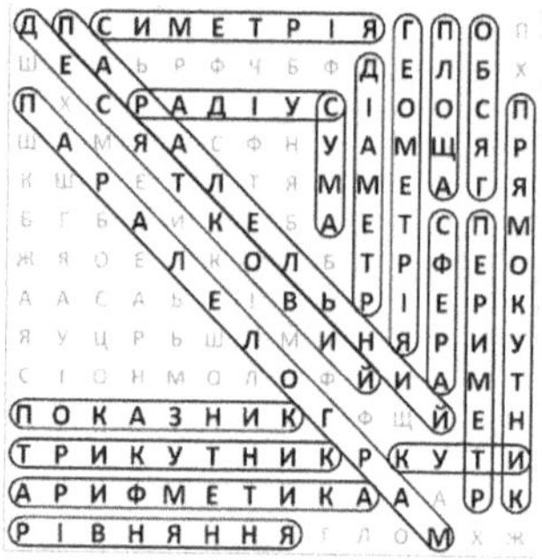

10 - Camping

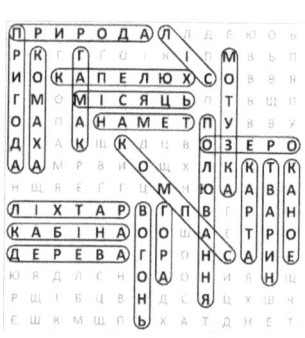

11 - Activiteiten

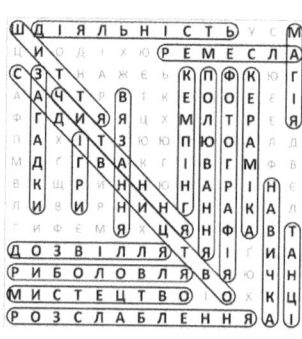

12 - Vormen

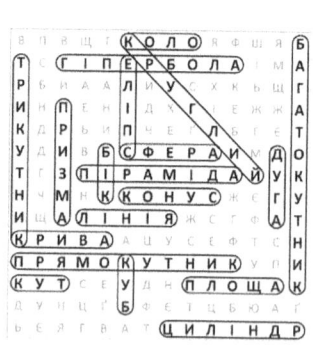

13 - Astronomie

14 - Emoties

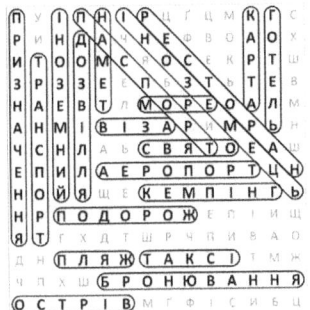

15 - Vakantie #2

16 - Weersomstandigh

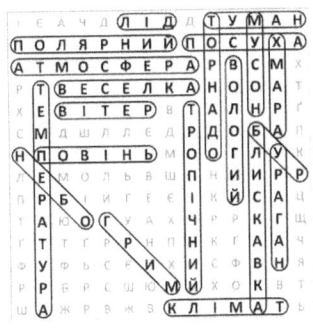

17 - Strand

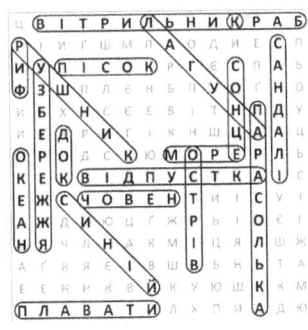

18 - Eten #2

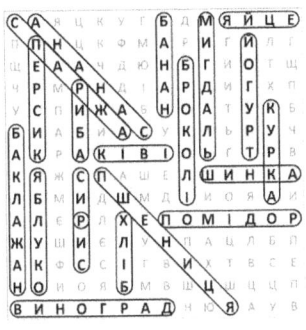

19 - Klimmen

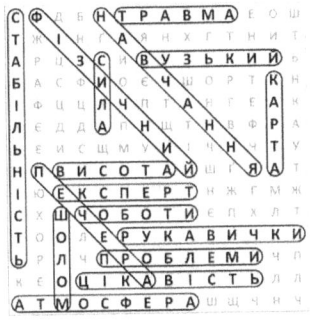

20 - Restaurant #1

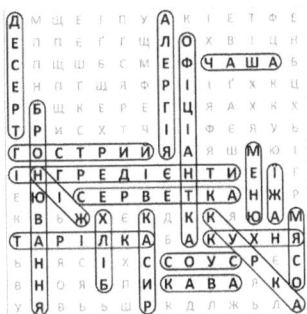

21 - Geologie

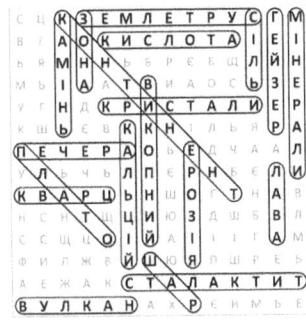

22 - Specerijen

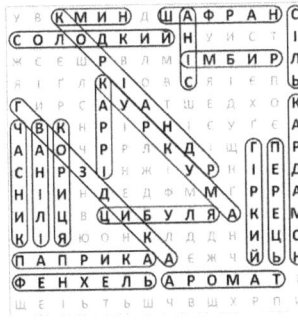

23 - Groenten

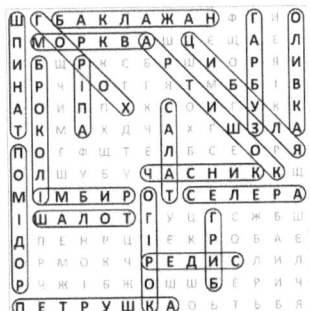

24 - Dans

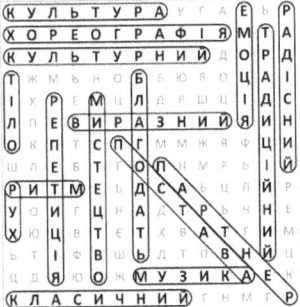

25 - Sport

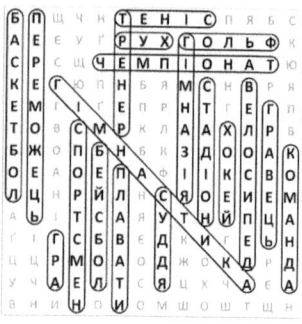

26 - Mythologie

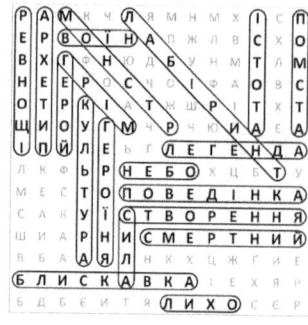

27 - Eten #1

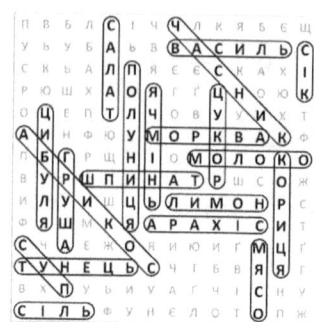

28 - Avontuur

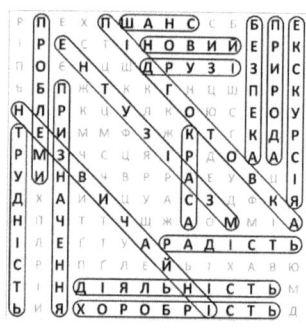

29 - Circus

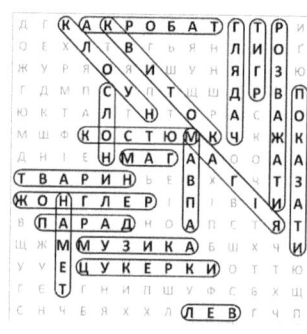

30 - Restaurant #2

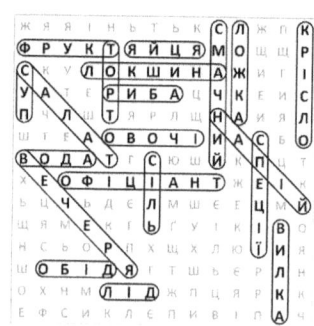

31 - Bijen

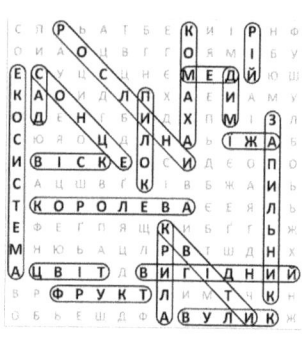

32 - School #1

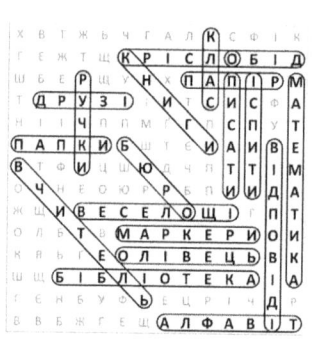

33 - Wandelen

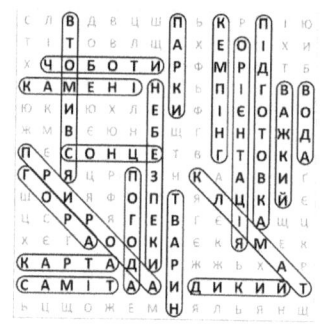

34 - Installaties

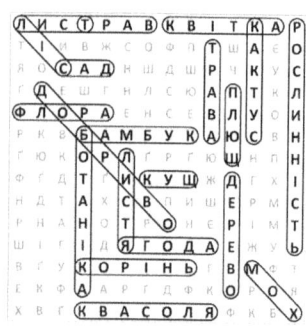

35 - School #2

36 - Oceaan

37 - Landen #2

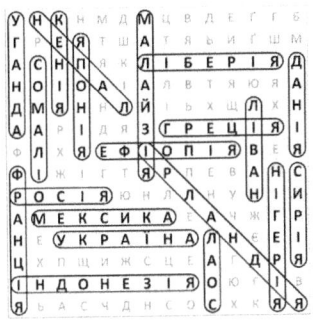

38 - Bloemen

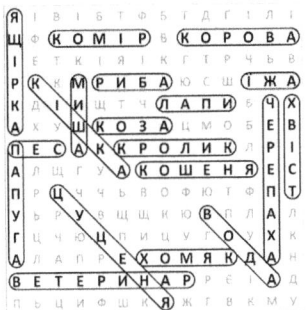

39 - Huisdieren

40 - Landschappen

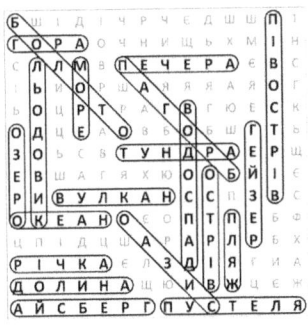

41 - Tuin

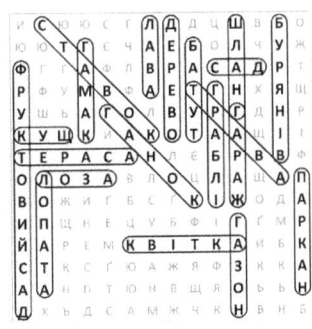

42 - Katten

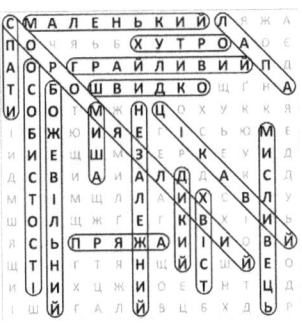

43 - Beroepen #2

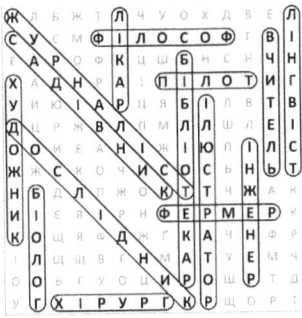

44 - Komedie

45 - Dagen en Maanden

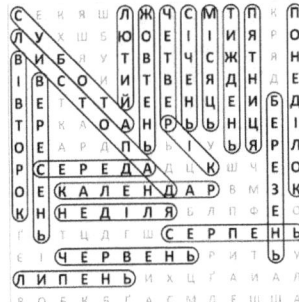

46 - Beeldende Kunsten

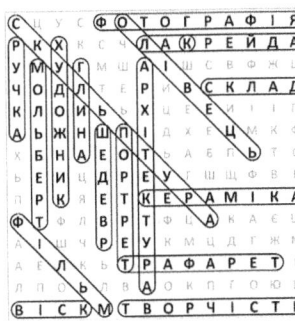

47 - Menselijk Lichaam

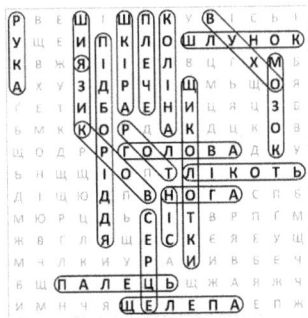

48 - Familie

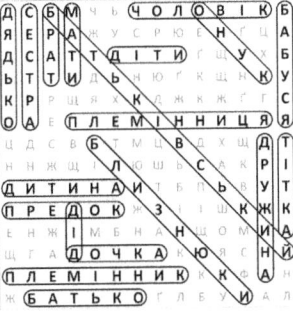

49 - Gebouwen

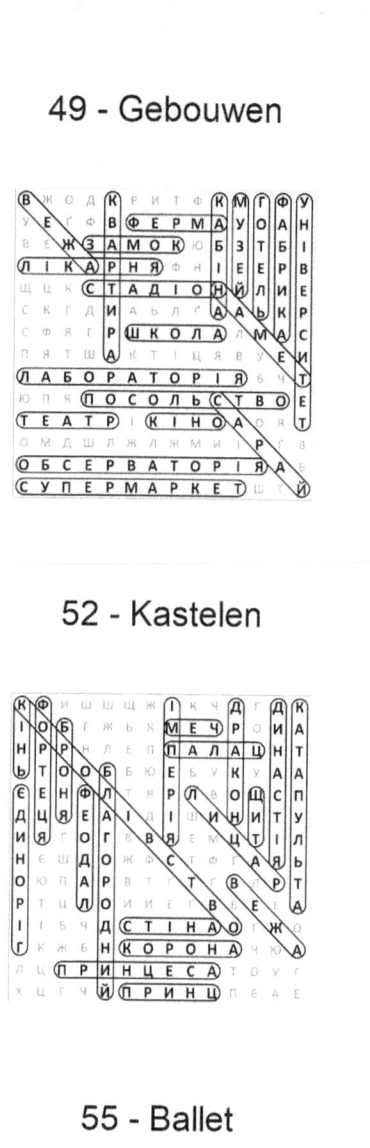

50 - Kunst

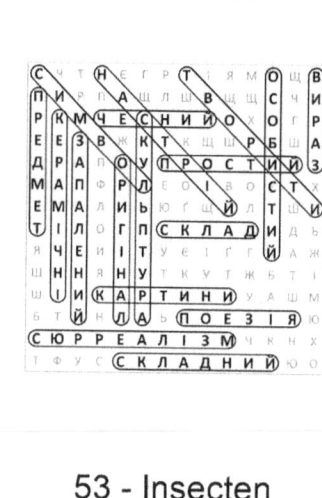

51 - Beroepen #1

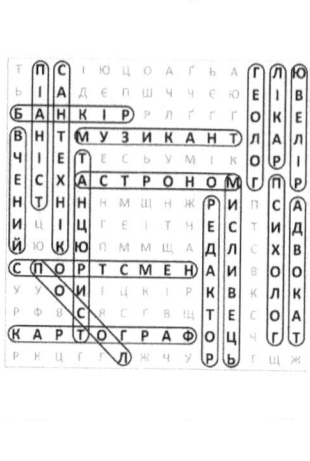

52 - Kastelen

53 - Insecten

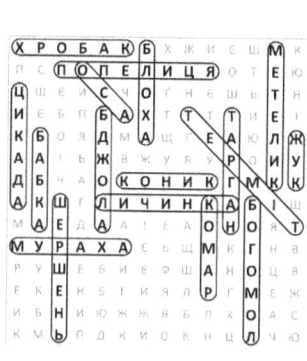

54 - Antarctica

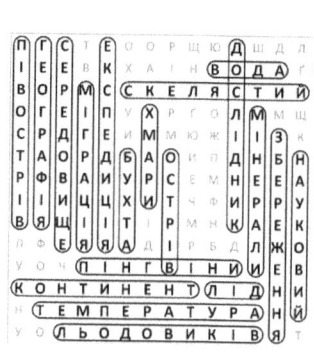

55 - Ballet

56 - Vissen

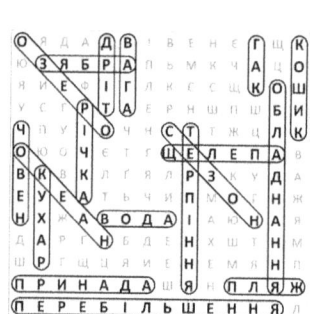

57 - Fruit

58 - Literatuur

59 - Technologie

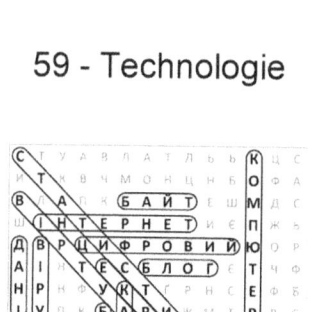

60 - Boeken

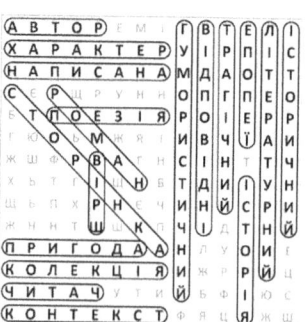

61 - Meer Informatie

62 - Regenwoud

63 - Haartypes

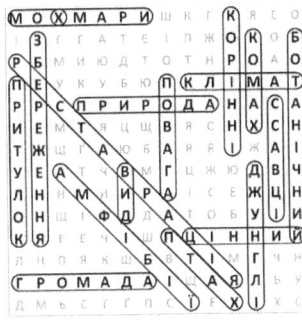

64 - Stad

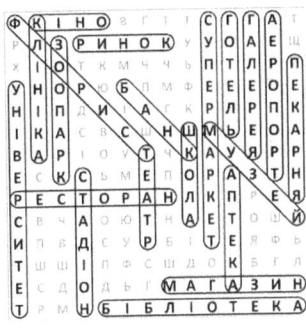

65 - Natuur

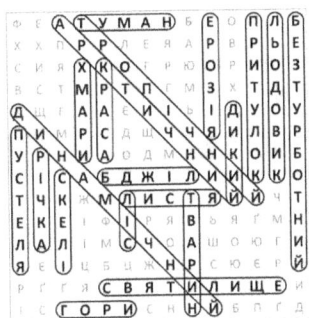

66 - Dinosaurussen

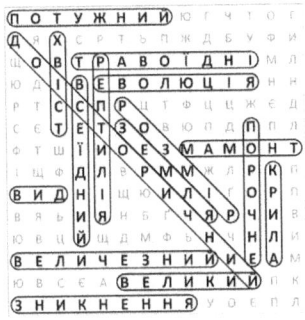

67 - Zoogdieren

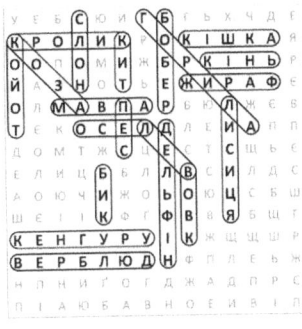

68 - 1 Jaar Geleden

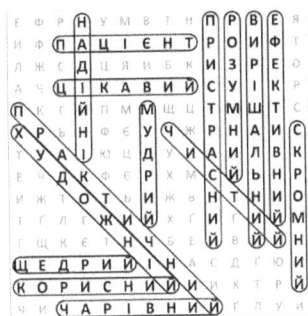

69 - Kampioenschap

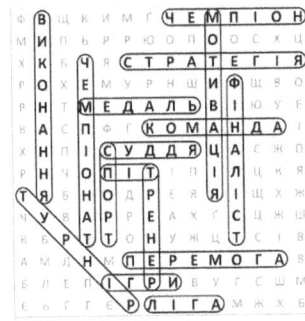

70 - Exploratie

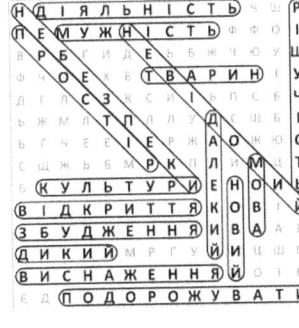

71 - Voertuigen

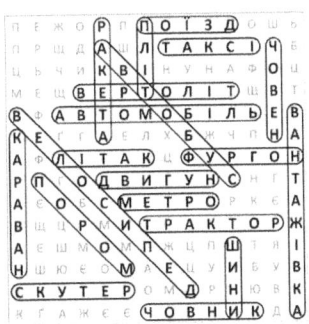

72 - Geografie

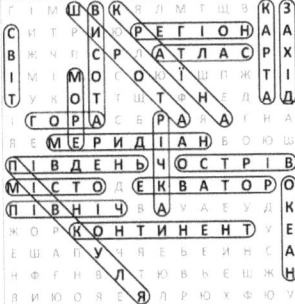

73 - Kunstbenodigdhe

74 - Barbecues

75 - Wetenschappelijk

76 - Bijvoeglijke Naamwoorden

77 - Kleding

78 - Vliegtuigen

79 - Herbalisme

80 - Meubels

81 - Piraten

82 - Om in te Vullen

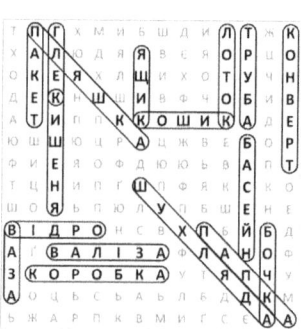

83 - Surfen

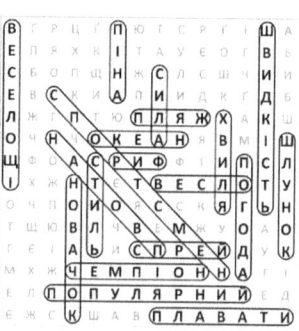

84 - Rijden

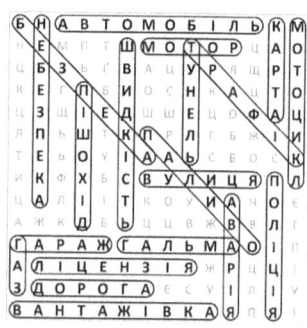

85 - Wetenschap

86 - Badkamer

87 - Hulpmiddelen

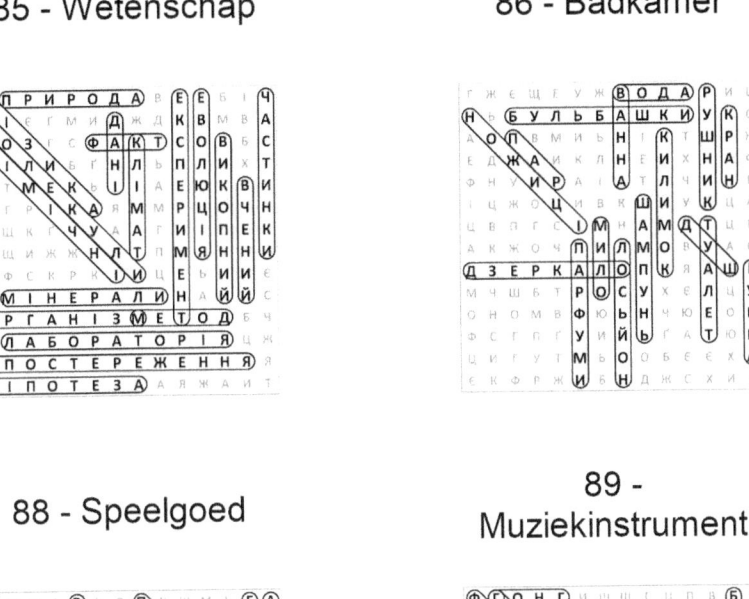
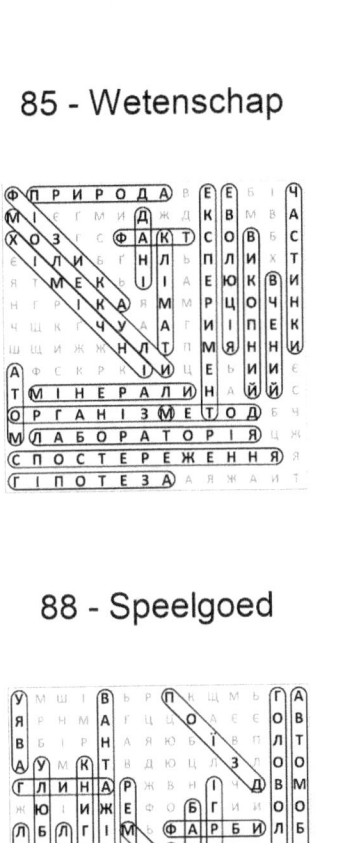

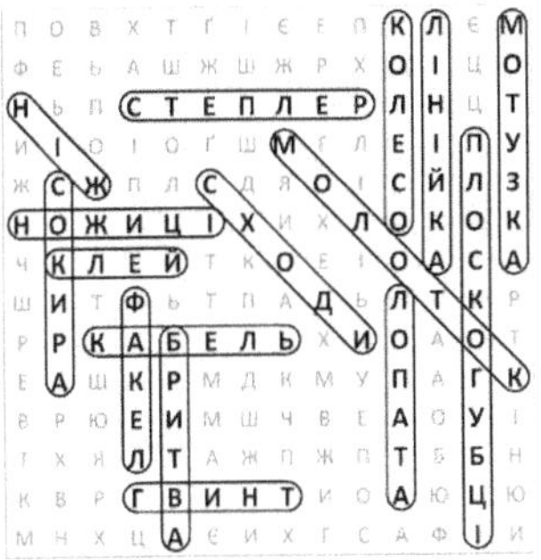

88 - Speelgoed

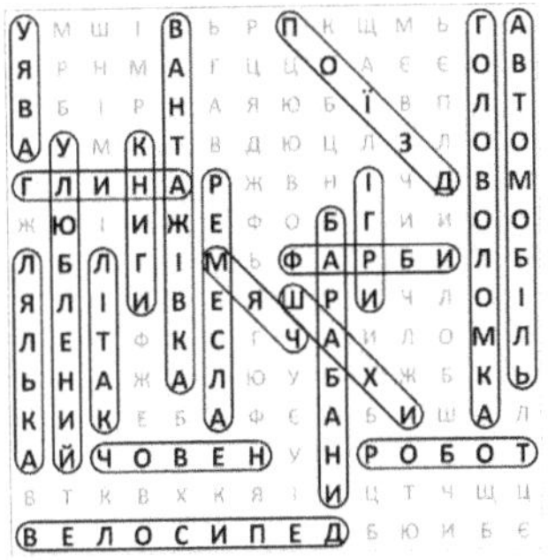

89 - Muziekinstrument

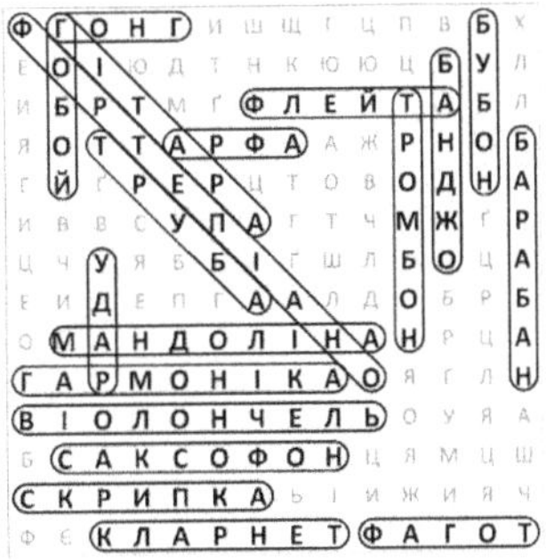

90 - Activiteiten en Vrije Ti

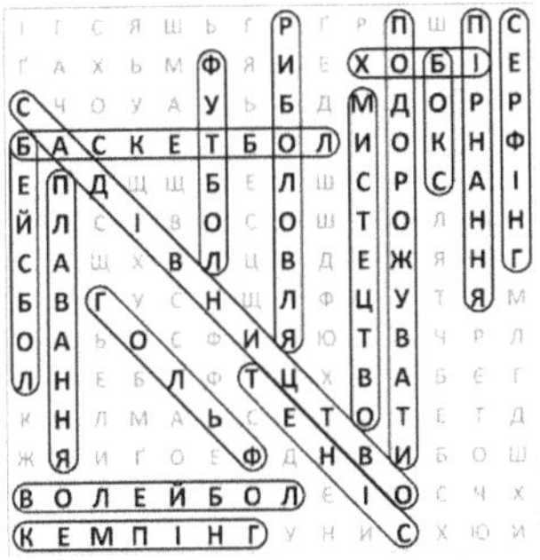

91 - Water

92 - Schaken

93 - Boerderij #1

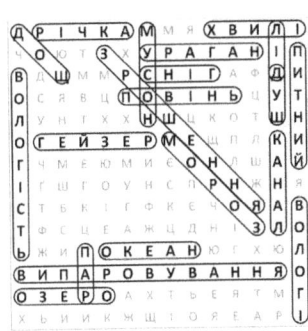
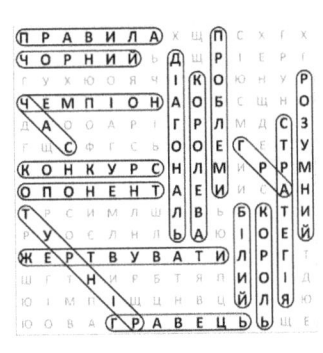
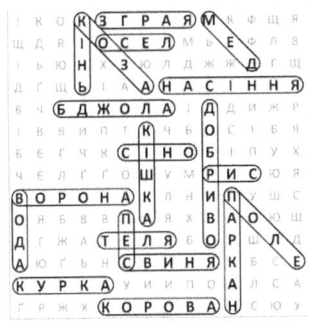

94 - Huis

95 - Kleuren

96 - Verjaardag

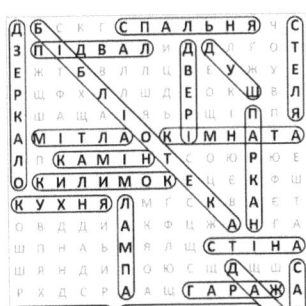
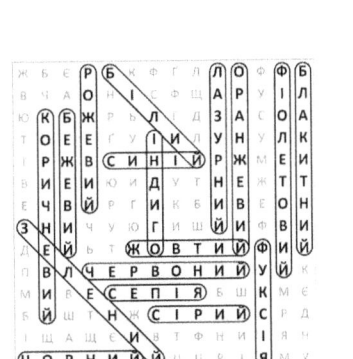
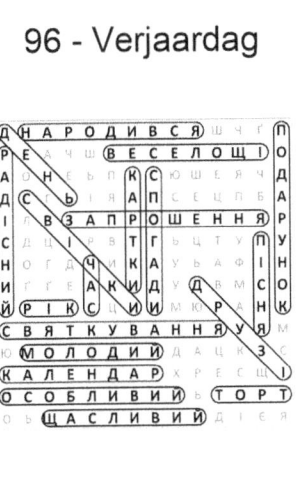

97 - Getallen

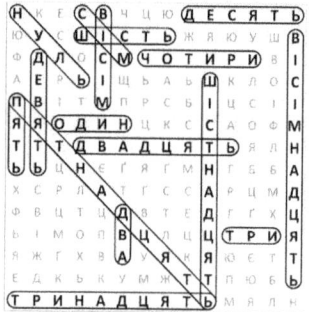

98 - Boerderij #2

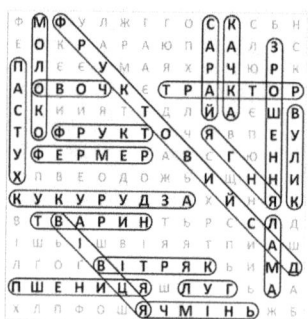

99 - Voeding

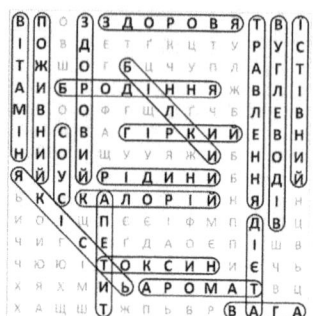

Woordenboek

1 Jaar Geleden
Чесноти #1

Artistiek	Художній
Behulpzaam	Корисний
Bescheiden	Скромний
Beslissend	Вирішальний
Betrouwbaar	Надійні
Charmant	Чарівний
Efficiënt	Ефективний
Gepassioneerd	Пристрасний
Goed	Хороший
Gul	Щедрий
Intelligent	Розумний
Nieuwsgierig	Цікавий
Onafhankelijk	Незалежний
Patiënt	Пацієнт
Praktisch	Практичний
Schoon	Чистий
Wijs	Мудрий

Activiteiten
Види Діяльності

Activiteit	Діяльність
Ambachten	Ремесла
Breien	В'Язання
Dansen	Танці
Fotografie	Фотографія
Games	Ігри
Hengelsport	Риболовля
Jacht	Полювання
Kamperen	Кемпінг
Keramiek	Кераміка
Kunst	Мистецтво
Lezen	Читання
Magie	Магія
Naaien	Шиття
Ontspanning	Розслаблення
Plezier	Задоволення
Puzzels	Загадки
Tuinieren	Садівництво
Vaardigheid	Навичка
Vrije Tijd	Дозвілля

Activiteiten en Vrije Ti
Відпочинок та Дозвілля

Basketbal	Баскетбол
Boksen	Бокс
Duiken	Пірнання
Golf	Гольф
Hengelsport	Риболовля
Hobby	Хобі
Honkbal	Бейсбол
Kamperen	Кемпінг
Kunst	Мистецтво
Ontspannen	Розслаблюючий
Reis	Подорожувати
Surfen	Серфінг
Tennis	Теніс
Tuinieren	Садівництво
Voetbal	Футбол
Volleybal	Волейбол
Zwemmen	Плавання

Antarctica
Антарктида

Baai	Бухта
Behoud	Збереження
Continent	Континент
Eilanden	Острів
Expeditie	Експедиція
Geografie	Географія
Gletsjers	Льодовиків
Ijs	Лід
Migratie	Міграція
Mineralen	Мінерали
Omgeving	Середовище
Onderzoeker	Дослідник
Pinguïn	Пінгвіни
Rotsachtig	Скелястий
Schiereiland	Півострів
Temperatuur	Температура
Topografie	Топографія
Water	Вода
Wetenschappelijk	Науковий
Wolken	Хмари

Astronomie
Астрономія

Aarde	Земля
Asteroïde	Астероїд
Astronaut	Астронавт
Astronoom	Астроном
Equinox	Рівнодення
Komeet	Комета
Kosmos	Космос
Maan	Місяць
Meteoor	Метеор
Nevel	Туманність
Observatorium	Обсерваторія
Planeet	Планета
Raket	Ракета
Satelliet	Супутник
Ster	Зірка
Sterrenbeeld	Сузір'Я
Straling	Радіація
Telescoop	Телескоп
Universum	Всесвіт
Zwaartekracht	Гравітація

Avontuur
Пригоди

Activiteit	Діяльність
Bestemming	Призначення
Enthousiasme	Ентузіазм
Excursie	Екскурсія
Gevaarlijk	Небезпечний
Kans	Шанс
Moed	Хоробрість
Moeilijkheid	Трудність
Natuur	Природа
Navigatie	Навігація
Nieuw	Новий
Ongewoon	Незвичайні
Reisplan	Маршрут
Reizen	Подорожі
Schoonheid	Краса
Uitdagingen	Проблеми
Veiligheid	Безпека
Voorbereiding	Підготовка
Vreugde	Радість
Vrienden	Друзі

Badkamer
Ванна Кімната

Bad	Ванна
Bellen	Бульбашки
Douche	Душ
Handdoek	Рушник
Kraan	Кран
Lotion	Лосьйон
Parfum	Парфуми
Schaar	Ножиці
Shampoo	Шампунь
Spiegel	Дзеркало
Spons	Губка
Stoom	Пар
Tapijt	Килимок
Water	Вода
Wc	Туалет
Zeep	Мило

Ballet
Балет

Applaus	Оплески
Artistiek	Художній
Ballerina	Балерина
Choreografie	Хореографія
Componist	Композитор
Dansers	Танцюристів
Expressief	Виразний
Gebaar	Жест
Intensiteit	Інтенсивність
Muziek	Музика
Orkest	Оркестр
Praktijk	Практика
Publiek	Аудиторія
Repetitie	Репетиція
Ritme	Ритм
Sierlijk	Витончений
Spieren	М'Язи
Stijl	Стиль
Techniek	Техніка
Vaardigheid	Навичка

Barbecues
Барбекю

Diner	Вечеря
Familie	Родина
Fruit	Фрукт
Grill	Гриль
Groente	Овочі
Heet	Гаряче
Honger	Голод
Kip	Курка
Lunch	Обід
Messen	Ножі
Muziek	Музика
Peper	Перець
Salades	Салати
Saus	Соус
Tomaten	Помідори
Uien	Цибуля
Uitnodiging	Запрошення
Vorken	Вилки
Zomer	Літо
Zout	Сіль

Beeldende Kunsten
Образотворче Мистецтво

Architectuur	Архітектура
Artiest	Художник
Beeldhouwwerk	Скульптура
Creativiteit	Творчість
Ezel	Мольберт
Film	Фільм
Foto	Фотографія
Keramiek	Кераміка
Klei	Глина
Krijt	Крейда
Meesterwerk	Шедевр
Pen	Ручка
Perspectief	Перспектива
Portret	Портрет
Potlood	Олівець
Samenstelling	Склад
Stencil	Трафарет
Vernis	Лак
Was	Віск

Beroepen #1
Професії #1

Advocaat	Адвокат
Ambassadeur	Посол
Apotheker	Фармацевт
Astronoom	Астроном
Atleet	Спортсмен
Bankier	Банкір
Cartograaf	Картограф
Danser	Танцюрист
Dierenarts	Ветеринар
Dokter	Лікар
Editor	Редактор
Geoloog	Геолог
Jager	Мисливець
Juwelier	Ювелір
Loodgieter	Сантехнік
Muzikant	Музикант
Pianist	Піаніст
Psycholoog	Психолог
Verpleegster	Медсестра
Wetenschapper	Вчений

Beroepen #2
Професії #2

Arts	Лікар
Astronaut	Астронавт
Bibliothecaris	Бібліотекар
Bioloog	Біолог
Boer	Фермер
Chirurg	Хірург
Detective	Детектив
Filosoof	Філософ
Fotograaf	Фотограф
Illustrator	Ілюстратор
Ingenieur	Інженер
Journalist	Журналіст
Leraar	Вчитель
Linguïst	Лінгвіст
Onderzoeker	Дослідник
Piloot	Пілот
Schilder	Художник
Tandarts	Стоматолог
Tuinman	Садівник
Uitvinder	Винахідник

Bijen
Бджола

Bestuiver	Запильник
Bijenkorf	Вулик
Bloemen	Квіти
Bloesem	Цвіт
Ecosysteem	Екосистема
Fruit	Фрукт
Honing	Мед
Insect	Комаха
Koningin	Королева
Planten	Рослини
Rook	Дим
Stuifmeel	Пилок
Tuin	Сад
Vleugels	Крила
Voedsel	Їжа
Voordelig	Вигідний
Was	Віск
Zon	Сонце
Zwerm	Рій

Bijvoeglijke Naamwoorden
Прикметники #1

Aantrekkelijk	Привабливий
Actief	Активний
Ambitieus	Амбітні
Aromatisch	Ароматичний
Artistiek	Художній
Belangrijk	Важливий
Diep	Глибокий
Donker	Темний
Dun	Тонкий
Eerlijk	Чесний
Exotisch	Екзотичні
Identiek	Ідентичний
Jong	Молодий
Lang	Довгий
Langzaam	Повільний
Modern	Сучасний
Onschuldig	Невинний
Perfect	Ідеальний
Waardevol	Цінний
Zwaar	Важкий

Bijvoeglijke Naamwoorden
Прикметники #2

Authentiek	Справжнім
Begaafd	Обдарований
Beschrijvend	Описовий
Creatief	Творчий
Dramatisch	Драматичні
Gezond	Здоровий
Hongerig	Голодний
Interessant	Цікавий
Moe	Втомився
Natuurlijk	Природний
Nieuw	Новий
Normaal	Нормальний
Productief	Продуктивний
Slaperig	Сонний
Sterk	Сильний
Trots	Гордий
Vers	Свіжий
Wild	Дикий
Zout	Солоний
Zuiver	Чистий

Bloemen
Квіти

Bloemblad	Пелюстка
Boeket	Букет
Gardenia	Гарденія
Hibiscus	Гібіскус
Jasmijn	Жасмин
Klaver	Конюшина
Lavendel	Лаванда
Lelie	Лілія
Lila	Бузок
Madeliefje	Ромашка
Magnolia	Магнолія
Orchidee	Орхідея
Paardebloem	Кульбаба
Papaver	Мак
Pioenroos	Півонія
Plumeria	Плюмерія
Roos	Троянда
Tulp	Тюльпан
Zonnebloem	Соняшник

Boeken
Книги

Auteur	Автор
Avontuur	Пригода
Bladzijde	Сторінка
Collectie	Колекція
Context	Контекст
Dualiteit	Подвійність
Episch	Епопеї
Gedicht	Вірш
Geschreven	Написана
Historisch	Історичний
Humoristisch	Гумористичний
Karakter	Характер
Lezer	Читач
Literair	Літературний
Poëzie	Поезія
Relevant	Відповідні
Roman	Роман
Tragisch	Трагічний
Verhaal	Історія
Verteller	Оповідач

Boerderij #1
Ферма #1

Bij	Бджола
Ezel	Осел
Geit	Коза
Hek	Паркан
Hond	Пес
Honing	Мед
Hooi	Сіно
Kalf	Теля
Kat	Кішка
Kip	Курка
Koe	Корова
Kraai	Ворона
Kudde	Зграя
Mest	Добриво
Paard	Кінь
Rijst	Рис
Varken	Свиня
Veld	Поле
Water	Вода
Zaden	Насіння

Boerderij #2
Ферма #2

Bijenkorf	Вулик
Boer	Фермер
Boomgaard	Фруктовий Сад
Dieren	Тварин
Eend	Качка
Fruit	Фрукт
Gerst	Ячмінь
Groente	Овоч
Herder	Пастух
Irrigatie	Зрошення
Lam	Ягня
Lama	Лама
Maïs	Кукурудза
Melk	Молоко
Schaap	Вівця
Schuur	Сарай
Tarwe	Пшениця
Tractor	Трактор
Weide	Луг
Windmolen	Вітряк

Boten
Катери

Anker	Якір
Bemanning	Екіпаж
Boei	Буй
Dok	Док
Golven	Хвилі
Jacht	Яхта
Kajak	Каяк
Kano	Каное
Maritiem	Морський
Mast	Щогла
Meer	Озеро
Motor	Двигун
Nautisch	Морські
Oceaan	Океан
Rivier	Річка
Touw	Мотузка
Veerboot	Пором
Vlot	Пліт
Zee	Море
Zeilboot	Вітрильник

Camping
Кемпінг

Avontuur	Пригода
Berg	Гора
Bomen	Дерева
Bos	Ліс
Brand	Вогонь
Cabine	Кабіна
Dieren	Тварин
Hangmat	Гамак
Hoed	Капелюх
Insect	Комаха
Jacht	Полювання
Kaart	Карта
Kano	Каное
Kompas	Компас
Lantaarn	Ліхтар
Maan	Місяць
Meer	Озеро
Natuur	Природа
Tent	Намет
Touw	Мотузка

Chocolade
Шоколад

Antioxidant	Антиоксидант
Bitter	Гіркий
Cacao	Какао
Calorieën	Калорій
Exotisch	Екзотичні
Favoriet	Улюблений
Heerlijk	Смачний
Ingrediënt	Інгредієнт
Karamel	Карамель
Kokosnoot	Кокос
Kwaliteit	Якість
Pinda'S	Арахіс
Poeder	Порошок
Recept	Рецепт
Smaak	Аромат
Smaak	Смак
Snoep	Цукерки
Suiker	Цукор
Zoet	Солодкий

Circus
Цирк

Aap	Мавпа
Acrobaat	Акробат
Clown	Клоун
Dieren	Тварин
Goochelaar	Маг
Jongleur	Жонглер
Kaartje	Квиток
Kostuum	Костюм
Laat	Показати
Leeuw	Лев
Magie	Магія
Muziek	Музика
Olifant	Слон
Parade	Парад
Snoep	Цукерки
Tent	Намет
Tijger	Тигр
Toeschouwer	Глядач
Vermaken	Розважати

Dagen en Maanden
Дні та Місяці

Augustus	Серпень
Dinsdag	Вівторок
Donderdag	Четвер
Februari	Лютий
Jaar	Рік
Januari	Січень
Juli	Липень
Juni	Червень
Kalender	Календар
Maand	Місяць
Maandag	Понеділок
Maart	Березень
November	Листопад
Oktober	Жовтень
September	Вересень
Vrijdag	П'Ятниця
Week	Тиждень
Woensdag	Середа
Zaterdag	Субота
Zondag	Неділя

Dans
Танець

Academie	Академія
Beweging	Рух
Blij	Радісний
Choreografie	Хореографія
Cultureel	Культурний
Cultuur	Культура
Emotie	Емоція
Expressief	Виразний
Genade	Благодать
Houding	Постава
Klassiek	Класичний
Kunst	Мистецтво
Lichaam	Тіло
Muziek	Музика
Partner	Партнер
Repetitie	Репетиція
Ritme	Ритм
Traditioneel	Традиційний
Visueel	Візуальний

Dinosaurussen
Динозаври

Aarde	Земля
Enorm	Величезний
Evolutie	Еволюція
Groot	Великий
Grootte	Розмір
Herbivoor	Травоїдні
Krachtig	Потужний
Mammoet	Мамонт
Omnivoor	Всеїдний
Prehistorisch	Доісторичний
Reptiel	Рептилія
Soort	Вид
Staart	Хвіст
Verdwijning	Зникнення
Vicieuze	Порочне
Vleugels	Крила

Emoties
Емоції

Angst	Страх
Dankbaar	Вдячний
Droefheid	Смуток
Gelukzaligheid	Блаженство
Inhoud	Зміст
Kalm	Спокійний
Liefde	Любов
Rust	Спокій
Sympathie	Співчуття
Tederheid	Ніжність
Tevreden	Задоволений
Verrassing	Сюрприз
Verveling	Нудьга
Vrede	Мир
Vreugde	Радість
Vriendelijkheid	Доброта
Woede	Гнів

Eten #1
Харчування #1

Aardbei	Полуниця
Abrikoos	Абрикос
Basilicum	Василь
Citroen	Лимон
Gerst	Ячмінь
Kaneel	Кориця
Knoflook	Часник
Melk	Молоко
Peer	Груша
Pinda	Арахіс
Salade	Салат
Sap	Сік
Soep	Суп
Spinazie	Шпинат
Suiker	Цукор
Tonijn	Тунець
Ui	Цибуля
Vlees	М'ясо
Wortel	Морква
Zout	Сіль

Eten #2
Харчування #2

Amandel	Мигдаль
Ananas	Ананас
Appel	Яблуко
Asperge	Спаржа
Aubergine	Баклажан
Banaan	Банан
Broccoli	Броколі
Brood	Хліб
Druif	Виноград
Ei	Яйце
Ham	Шинка
Kaas	Сир
Kip	Курка
Kiwi	Ківі
Perzik	Персик
Rijst	Рис
Tarwe	Пшениця
Tomaat	Помідор
Vis	Риба
Yoghurt	Йогурт

Exploratie
Дослідження

Activiteit	Діяльність
Bepaling	Рішучість
Culturen	Культури
Dieren	Тварин
Gevaren	Небезпеки
Moed	Мужність
Nieuw	Новий
Onbekend	Невідомий
Ontdekking	Відкриття
Opwinding	Збудження
Reis	Подорожувати
Ruimte	Простір
Taal	Мова
Uitputting	Виснаження
Ver	Далекий
Wild	Дикий

Familie
Сімейний

Broer	Брат
Dochter	Дочка
Grootmoeder	Бабуся
Jeugd	Дитинство
Kind	Дитина
Kinderen	Діти
Kleinzoon	Онук
Man	Чоловік
Moeder	Мати
Neef	Племінник
Nicht	Племінниця
Oom	Дядько
Opa	Дід
Tante	Тітка
Tweeling	Близнюки
Vader	Батько
Vaderlijk	Батьківський
Voorouder	Предок
Vrouw	Дружина
Zus	Сестра

Fruit
Фрукти

Abrikoos	Абрикос
Ananas	Ананас
Appel	Яблуко
Avocado	Авокадо
Banaan	Банан
Bes	Ягода
Citroen	Лимон
Druif	Виноград
Framboos	Малина
Kers	Вишня
Kiwi	Ківі
Kokosnoot	Кокос
Mango	Манго
Meloen	Диня
Nectarine	Нектарин
Oranje	Оранжевий
Papaja	Папайя
Peer	Груша
Perzik	Персик
Pruim	Слива

Gebouwen
Будинки

Ambassade	Посольство
Appartement	Квартира
Bioscoop	Кіно
Boerderij	Ферма
Cabine	Кабіна
Fabriek	Фабрика
Hotel	Готель
Kasteel	Замок
Laboratorium	Лабораторія
Museum	Музей
Observatorium	Обсерваторія
School	Школа
Schuur	Сарай
Stadion	Стадіон
Supermarkt	Супермаркет
Tent	Намет
Theater	Театр
Toren	Вежа
Universiteit	Університет
Ziekenhuis	Лікарня

Geografie
Географія

Atlas	Атлас
Berg	Гора
Breedtegraad	Широта
Continent	Континент
Eiland	Острів
Evenaar	Екватор
Halfrond	Півкуля
Hoogte	Висота
Kaart	Карта
Land	Країна
Meridiaan	Меридіан
Noorden	Північ
Oceaan	Океан
Regio	Регіон
Rivier	Річка
Stad	Місто
Wereld	Світ
Westen	Захід
Zee	Море
Zuiden	Південь

Geologie
Геологія

Aardbeving	Землетрус
Calcium	Кальцій
Continent	Континент
Erosie	Ерозія
Fossiel	Викопний
Geiser	Гейзер
Grot	Печера
Koraal	Кораловий
Kristallen	Кристали
Kwarts	Кварц
Laag	Шар
Lava	Лава
Mineralen	Мінерали
Plateau	Плато
Stalactiet	Сталактит
Steen	Камінь
Vulkaan	Вулкан
Zone	Зона
Zout	Сіль
Zuur	Кислота

Getallen
Числа

Acht	Вісім
Achttien	Вісімнадцять
Dertien	Тринадцять
Drie	Три
Een	Один
Negen	Дев'Ять
Negentien	Дев'Ятнадцять
Nul	Нуль
Tien	Десять
Twaalf	Дванадцять
Twee	Два
Twintig	Двадцять
Veertien	Чотирнадцять
Vier	Чотири
Vijf	П'Ять
Vijftien	П'Ятнадцять
Zes	Шість
Zestien	Шістнадцять
Zeven	Сім
Zeventien	Сімнадцять

Groenten
Овочі

Artisjok	Артишок
Aubergine	Баклажан
Broccoli	Броколі
Erwt	Горох
Gember	Імбир
Knoflook	Часник
Komkommer	Огірок
Olijf	Оливка
Paddestoel	Гриб
Peterselie	Петрушка
Pompoen	Гарбуз
Raap	Ріпа
Radijs	Редис
Salade	Салат
Selderij	Селера
Sjalot	Шалот
Spinazie	Шпинат
Tomaat	Помідор
Ui	Цибуля
Wortel	Морква

Haartypes
Типи Волосся

Blond	Блондин
Bruin	Коричневий
Dik	Товстий
Droog	Сухий
Dun	Тонкий
Gevlochten	Плетений
Gezond	Здоровий
Glad	Гладкий
Glimmend	Блискучий
Golvend	Хвилястий
Grijs	Сірий
Kaal	Лисий
Kort	Короткий
Krullen	Кучер
Krullend	Кучерявий
Lang	Довгий
Wit	Білий
Zacht	М'Який
Zilver	Срібло
Zwart	Чорний

Herbalisme
Травотравизм

Aromatisch	Ароматичний
Basilicum	Василь
Bloem	Квітка
Culinair	Кулінарні
Dille	Кріп
Dragon	Естрагон
Groen	Зелений
Ingrediënt	Інгредієнт
Knoflook	Часник
Kwaliteit	Якість
Lavendel	Лаванда
Marjolein	Майоран
Oregano	Орегано
Peterselie	Петрушка
Rozemarijn	Розмарин
Saffraan	Шафран
Smaak	Аромат
Tijm	Чебрець
Tuin	Сад
Venkel	Фенхель

Huis
Будинок

Bezem	Мітла
Bibliotheek	Бібліотека
Dak	Дах
Deur	Двері
Douche	Душ
Garage	Гараж
Haard	Камін
Hek	Паркан
Kamer	Кімната
Kelder	Підвал
Keuken	Кухня
Lamp	Лампа
Meubilair	Меблі
Muur	Стіна
Plafond	Стеля
Schoorsteen	Димохід
Slaapkamer	Спальня
Spiegel	Дзеркало
Tapijt	Килимок
Tuin	Сад

Huisdieren
Домашні Тварини

Dierenarts	Ветеринар
Geit	Коза
Hagedis	Ящірка
Hamster	Хом'Як
Hond	Пес
Kat	Кішка
Katje	Кошеня
Koe	Корова
Konijn	Кролик
Kraag	Комір
Muis	Миша
Papegaai	Папуга
Poten	Лапи
Puppy	Цуценя
Schildpad	Черепаха
Staart	Хвіст
Vis	Риба
Voedsel	Їжа
Water	Вода

Hulpmiddelen
Інструменти

Bijl	Сокира
Fakkel	Факел
Hamer	Молоток
Heerser	Лінійка
Kabel	Кабель
Ladder	Сходи
Lijm	Клей
Mes	Ніж
Nietmachine	Степлер
Schaar	Ножиці
Scheermes	Бритва
Schop	Лопата
Schroef	Гвинт
Tang	Плоскогубці
Touw	Мотузка
Wiel	Колесо

Insecten
Комахи

Bidsprinkhaan	Богомол
Bij	Бджола
Bladluis	Попелиця
Cicade	Цикада
Horzel	Шершень
Kakkerlak	Тарган
Kever	Жук
Larve	Личинка
Libel	Бабка
Mier	Мураха
Mug	Комар
Sprinkhaan	Коник
Termiet	Терміт
Vlinder	Метелик
Vlo	Блоха
Wesp	Оса
Worm	Хробак

Installaties
Рослини

Bamboe	Бамбук
Bes	Ягода
Blad	Лист
Bloem	Квітка
Boom	Дерево
Boon	Квасоля
Bos	Ліс
Cactus	Кактус
Flora	Флора
Gebladerte	Листя
Gras	Трава
Klimop	Плющ
Kruid	Трав
Mest	Добриво
Mos	Мох
Plantkunde	Ботаніка
Struik	Кущ
Tuin	Сад
Vegetatie	Рослинність
Wortel	Корінь

Kampioenschap
Чемпіонат

Finalist	Фіналіст
Games	Ігри
Kampioen	Чемпіон
Kampioenschap	Чемпіонат
Liga	Ліга
Medaille	Медаль
Motivatie	Мотивація
Prestatie	Виконання
Rechter	Суддя
Sport	Спорт
Strategie	Стратегія
Team	Команда
Toernooi	Турнір
Trainer	Тренер
Transpiratie	Піт
Zege	Перемога

Kastelen
Замки

Draak	Дракон
Dynastie	Династія
Edele	Благородний
Eenhoorn	Єдиноріг
Feodaal	Феодал
Fort	Фортеця
Harnas	Броня
Katapult	Катапульта
Koninkrijk	Королівство
Kroon	Корона
Muur	Стіна
Paard	Кінь
Paleis	Палац
Prins	Принц
Prinses	Принцеса
Ridder	Лицар
Rijk	Імперія
Schild	Щит
Toren	Вежа
Zwaard	Меч

Katten
Кішки

Bont	Хутро
Garen	Пряжа
Gek	Божевільний
Jager	Мисливець
Klein	Маленький
Muis	Миша
Nieuwsgierig	Цікавий
Onafhankelijk	Незалежний
Persoonlijkheid	Особистості
Poot	Лапа
Slaap	Спати
Snel	Швидко
Speels	Грайливий
Staart	Хвіст
Verlegen	Сором'Язливий
Wild	Дикий

Keuken
Кухня

Cup	Чашки
Eetstokjes	Паличками
Grill	Гриль
Ketel	Чайник
Koelkast	Холодильник
Kom	Чаша
Kruik	Глечик
Lepels	Ложки
Messen	Ножі
Oven	Піч
Pot	Глек
Recept	Рецепт
Schort	Фартух
Servet	Серветка
Specerijen	Спеції
Spons	Губка
Voedsel	Їжа
Vorken	Вилки
Vriezer	Морозильник

Kleding
Одяг

Armband	Браслет
Blouse	Блузка
Broek	Штани
Handschoenen	Рукавички
Hoed	Капелюх
Jas	Пальто
Jasje	Куртка
Jurk	Плаття
Ketting	Намисто
Mode	Мода
Pyjama	Піжама
Riem	Пояс
Rok	Спідниця
Sandalen	Сандалі
Schoen	Взуття
Schort	Фартух
Shirt	Сорочка
Sjaal	Шарф
Sokken	Шкарпетки
Trui	Светр

Kleuren
Кольори

Azuur	Лазурний
Beige	Бежевий
Blauw	Синій
Bruin	Коричневий
Cyaan	Блакитний
Fuchsia	Фуксія
Geel	Жовтий
Grijs	Сірий
Groen	Зелений
Indigo	Індиго
Oranje	Оранжевий
Paars	Фіолетовий
Rood	Червоний
Roze	Рожевий
Sepia	Сепія
Wit	Білий
Zwart	Чорний

Klimmen
Сходження

Atmosfeer	Атмосфера
Deskundige	Експерт
Fysiek	Фізичний
Grot	Печера
Handschoenen	Рукавички
Helm	Шолом
Hoogte	Висота
Kaart	Карта
Kracht	Сила
Laarzen	Чоботи
Letsel	Травма
Nieuwsgierigheid	Цікавість
Opleiding	Навчання
Smal	Вузький
Stabiliteit	Стабільність
Uitdagingen	Проблеми

Komedie
Комедія

Acteur	Актор
Actrice	Актриса
Applaus	Оплески
Clowns	Клоуни
Expressief	Виразний
Gelach	Сміх
Genre	Жанр
Grappen	Жарти
Humor	Гумор
Improvisatie	Імпровізація
Parodie	Пародія
Plezier	Веселощі
Publiek	Аудиторія
Slim	Розумний
Televisie	Телебачення
Theater	Театр

Kunst
Мистецтво

Beeldhouwwerk	Скульптура
Complex	Складний
Creëren	Творити
Eenvoudig	Простий
Eerlijk	Чесний
Geïnspireerd	Запалений
Humeur	Настрій
Keramisch	Керамічні
Onderwerp	Предмет
Origineel	Оригінал
Persoonlijk	Особистий
Poëzie	Поезія
Samenstelling	Склад
Schilderijen	Картини
Surrealisme	Сюрреалізм
Symbool	Символ
Uitdrukking	Вираз
Visueel	Візуальний

Kunstbenodigdheden
Художні Товари

Acryl	Акриловий
Aquarellen	Акварелі
Borstels	Щітка
Camera	Камера
Creativiteit	Творчість
Ezel	Мольберт
Gom	Гумка
Ideeën	Ідеї
Inkt	Чорнило
Klei	Глина
Kleuren	Кольори
Lijm	Клей
Olie	Олія
Papier	Папір
Pastel	Пастелі
Potloden	Олівці
Stoel	Крісло
Tafel	Таблиця
Verf	Фарби
Water	Вода

Landen #2
Країни #2

Denemarken	Данія
Ethiopië	Ефіопія
Frankrijk	Франція
Griekenland	Греція
Ierland	Ірландія
Indonesië	Індонезія
Japan	Японія
Kenia	Кенія
Laos	Лаос
Libanon	Ліван
Liberia	Ліберія
Maleisië	Малайзія
Mexico	Мексика
Nepal	Непал
Nigeria	Нігерія
Oeganda	Уганда
Oekraïne	Україна
Rusland	Росія
Somalië	Сомалі
Syrië	Сирія

Landschappen
Пейзажі

Berg	Гора
Eiland	Острів
Geiser	Гейзер
Gletsjer	Льодовик
Grot	Печера
Heuvel	Пагорб
Ijsberg	Айсберг
Meer	Озеро
Moeras	Болото
Oase	Оазис
Oceaan	Океан
Rivier	Річка
Schiereiland	Півострів
Strand	Пляж
Toendra	Тундра
Vallei	Долина
Vulkaan	Вулкан
Waterval	Водоспад
Woestijn	Пустеля
Zee	Море

Literatuur
Література

Analogie	Аналогія
Analyse	Аналіз
Anekdote	Анекдот
Auteur	Автор
Biografie	Біографія
Conclusie	Висновок
Dialoog	Діалог
Fictie	Вигадка
Gedicht	Вірш
Mening	Думка
Metafoor	Метафора
Poëtisch	Поетичний
Rijm	Рима
Ritme	Ритм
Roman	Роман
Stijl	Стиль
Thema	Тема
Tragedie	Трагедія
Vergelijking	Порівняння
Verteller	Оповідач

Meditatie
Медитація

Aandacht	Увага
Aanvaarding	Прийняття
Ademhaling	Дихання
Beweging	Рух
Dankbaarheid	Подяка
Emoties	Емоції
Gedachten	Думки
Geluk	Щастя
Helderheid	Ясність
Houding	Постава
Mededogen	Співчуття
Mentaal	Розумовий
Muziek	Музика
Natuur	Природа
Observatie	Спостереження
Perspectief	Перспектива
Stilte	Тиша
Vrede	Мир
Vriendelijkheid	Доброта
Wakker	Прокинутися

Meer Informatie
Наукова Фантастика

Bioscoop	Кіно
Boeken	Книги
Brand	Вогонь
Denkbeeldig	Уявний
Dystopie	Антиутопія
Explosie	Вибух
Fantastisch	Фантастичний
Futuristisch	Футуристичний
Illusie	Ілюзія
Klonen	Клони
Mysterieus	Таємничий
Orakel	Оракул
Planeet	Планета
Realistisch	Реалістичний
Robots	Роботи
Scenario	Сценарій
Sterrenstelsel	Галактика
Technologie	Технологія
Utopie	Утопія
Wereld	Світ

Menselijk Lichaam
Людське Тіло

Been	Нога
Bloed	Кров
Elleboog	Лікоть
Enkel	Щиколотки
Hand	Рука
Hart	Серце
Hersenen	Мозок
Hoofd	Голова
Huid	Шкіра
Kaak	Щелепа
Kin	Підборіддя
Knie	Коліна
Maag	Шлунок
Mond	Рот
Nek	Шия
Neus	Ніс
Oor	Вухо
Schouder	Плече
Tong	Язик
Vinger	Палець

Metingen
Вимірювання

Breedte	Ширина
Byte	Байт
Centimeter	Сантиметр
Decimaal	Десятковий
Diepte	Глибина
Gewicht	Вага
Gram	Грам
Hoogte	Висота
Inch	Дюйм
Kilogram	Кілограм
Kilometer	Кілометр
Lengte	Довжина
Liter	Літр
Massa	Маса
Meter	Метр
Minuut	Хвилина
Ons	Унція
Pint	Пінта
Ton	Тонна
Volume	Обсяг

Meubels
Меблі

Bank	Диван
Bed	Ліжко
Boekenkast	Книжкова Шафа
Bureau	Бюро
Dressoir	Комод
Futon	Футон
Gordijnen	Штори
Hangmat	Гамак
Kussen	Подушка
Kussens	Подушки
Lamp	Лампа
Matras	Матрац
Planken	Полиці
Spiegel	Дзеркало
Stoel	Крісло
Tapijt	Килимок

Muziekinstrumenten
Музичні Інструменти

Banjo	Банджо
Cello	Віолончель
Fagot	Фагот
Fluit	Флейта
Gitaar	Гітара
Gong	Гонг
Harp	Арфа
Hobo	Гобой
Klarinet	Кларнет
Mandoline	Мандоліна
Mondharmonica	Гармоніка
Percussie	Удар
Piano	Фортепіано
Saxofoon	Саксофон
Tamboerijn	Бубон
Trombone	Тромбон
Trommel	Барабан
Trompet	Труба
Viool	Скрипка

Mythologie
Міфологія

Archetype	Архетип
Bliksem	Блискавка
Creatie	Створення
Cultuur	Культура
Donder	Грім
Doolhof	Лабіринт
Gedrag	Поведінка
Held	Герой
Heldin	Героїня
Hemel	Небо
Jaloezie	Ревнощі
Kracht	Сила
Krijger	Воїн
Legende	Легенда
Monster	Монстр
Onsterfelijkheid	Безсмертя
Ramp	Лихо
Sterfelijk	Смертний
Wezen	Істота
Wraak	Помста

Natuur
Природа

Arctisch	Арктичний
Bergen	Гори
Bijen	Бджіл
Bos	Ліс
Dieren	Тварин
Dynamisch	Динамічний
Erosie	Ерозія
Gebladerte	Листя
Gletsjer	Льодовик
Heiligdom	Святилище
Klippen	Скелі
Mist	Туман
Rivier	Річка
Schoonheid	Краса
Schuilplaats	Притулок
Sereen	Безтурботний
Tropisch	Тропічний
Wild	Дикий
Woestijn	Пустеля
Wolken	Хмари

Oceaan
Океан

Aal	Вугор
Algen	Водоростей
Boot	Човен
Dolfijn	Дельфін
Garnaal	Креветки
Getijden	Припливи
Haai	Акула
Koraal	Кораловий
Krab	Краб
Kwal	Медуза
Octopus	Восьминіг
Oester	Устриця
Rif	Риф
Schildpad	Черепаха
Spons	Губка
Storm	Буря
Tonijn	Тунець
Vis	Риба
Walvis	Кит
Zout	Сіль

Om in te Vullen
Заповнити

Bekken	Басейн
Buis	Труба
Dienblad	Лоток
Doos	Ящик
Emmer	Відро
Envelop	Конверт
Fles	Пляшка
Karton	Коробка
Koffer	Валіза
Lade	Шухляда
Mand	Кошик
Map	Папка
Pakje	Пакет
Pot	Глек
Vaas	Ваза
Vat	Бочка
Zak	Кишеня

Piraten
Пірати

Anker	Якір
Avontuur	Пригода
Bemanning	Екіпаж
Eiland	Острів
Gevaar	Небезпека
Goud	Золото
Grot	Печера
Kaart	Карта
Kapitein	Капітан
Kompas	Компас
Legende	Легенда
Litteken	Шрам
Oceaan	Океан
Papegaai	Папуга
Rum	Ром
Schat	Скарб
Slecht	Поганий
Strand	Пляж
Vlag	Прапор
Zwaard	Меч

Regenwoud
Тропічний Ліс

Amfibieën	Амфібії
Behoud	Збереження
Botanisch	Ботанічний
Gemeenschap	Громада
Inheems	Корінні
Insecten	Комах
Jungle	Джунглі
Klimaat	Клімат
Mos	Мох
Natuur	Природа
Overleving	Виживання
Respect	Повага
Restauratie	Реставрація
Soort	Вид
Toevlucht	Притулок
Vogels	Птах
Waardevol	Цінний
Wolken	Хмари
Zoogdieren	Ссавці

Restaurant #1
Ресторан #1

Allergie	Алергія
Bord	Тарілка
Brood	Хліб
Ingrediënten	Інгредієнти
Kassier	Касир
Keuken	Кухня
Kip	Курка
Koffie	Кава
Kom	Чаша
Menu	Меню
Mes	Ніж
Pittig	Гострий
Reservering	Бронювання
Saus	Соус
Serveerster	Офіціантка
Servet	Серветка
Toetje	Десерт
Vlees	М'ясо
Voedsel	Їжа

Restaurant #2
Ресторан #2

Cake	Торт
Diner	Вечеря
Drank	Напій
Eieren	Яйця
Fruit	Фрукт
Groente	Овочі
Heerlijk	Смачний
Ijs	Лід
Lepel	Ложка
Lunch	Обід
Noedels	Локшина
Ober	Офіціант
Salade	Салат
Soep	Суп
Specerijen	Спеції
Stoel	Крісло
Vis	Риба
Vork	Вилка
Water	Вода
Zout	Сіль

Rijden
Водіння

Auto	Автомобіль
Brandstof	Паливо
Garage	Гараж
Gas	Газ
Gevaar	Небезпека
Kaart	Карта
Licentie	Ліцензія
Motor	Мотор
Motorfiets	Мотоцикл
Ongeluk	Аварія
Politie	Поліція
Remmen	Гальма
Snelheid	Швидкість
Straat	Вулиця
Tunnel	Тунель
Veiligheid	Безпека
Verkeer	Трафік
Voetganger	Пішохід
Vrachtauto	Вантажівка
Weg	Дорога

Schaken
Шахи

Diagonaal	Діагональ
Kampioen	Чемпіон
Koning	Король
Koningin	Королева
Offer	Жертвувати
Passief	Пасивний
Reglement	Правила
Slim	Розумний
Spel	Гра
Speler	Гравець
Strategie	Стратегія
Tegenstander	Опонент
Tijd	Час
Toernooi	Турнір
Uitdagingen	Проблеми
Wedstrijd	Конкурс
Wit	Білий
Zwart	Чорний

School #1
Школа #1

Alfabet	Алфавіт
Antwoorden	Відповіді
Bibliotheek	Бібліотека
Boeken	Книги
Bureau	Бюро
Examens	Іспити
Klaslokaal	Клас
Leraar	Вчитель
Lunch	Обід
Mappen	Папки
Markeringen	Маркери
Papier	Папір
Pennen	Ручки
Plezier	Веселощі
Potlood	Олівець
Schrijven	Писати
Stoel	Крісло
Vrienden	Друзі
Wiskunde	Математика

School #2
Школа #2

Academisch	Академічний
Bibliotheek	Бібліотека
Boeken	Книги
Bus	Автобус
Computer	Комп'Ютер
Grammatica	Граматика
Kalender	Календар
Leraar	Вчитель
Literatuur	Література
Onderwijs	Освіта
Papier	Папір
Pennen	Ручки
Potlood	Олівець
Rugzak	Рюкзак
Schaar	Ножиці
Schoenen	Взуття
Weekend	Вихідні
Wetenschap	Наука
Wiskunde	Математика
Woordenboek	Словник

Specerijen
Спеції

Anijs	Аніс
Bitter	Гіркий
Gember	Імбир
Kaneel	Кориця
Kardemom	Кардамон
Kerrie	Каррі
Knoflook	Часник
Komijn	Кмин
Koriander	Коріандр
Kruidnagel	Гвоздика
Kurkuma	Куркума
Paprika	Паприка
Peper	Перець
Saffraan	Шафран
Smaak	Аромат
Ui	Цибуля
Vanille	Ванілі
Venkel	Фенхель
Zoet	Солодкий
Zout	Сіль

Speelgoed
Іграшки

Ambachten	Ремесла
Auto	Автомобіль
Bal	М'Яч
Boeken	Книги
Boot	Човен
Drums	Барабани
Favoriet	Улюблений
Fiets	Велосипед
Games	Ігри
Klei	Глина
Pop	Лялька
Puzzel	Головоломка
Robot	Робот
Schaak	Шахи
Trein	Поїзд
Verbeelding	Уява
Verf	Фарби
Vliegtuig	Літак
Vrachtauto	Вантажівка

Sport
Спортивний

Atleet	Спортсмен
Basketbal	Баскетбол
Beweging	Рух
Fiets	Велосипед
Golf	Гольф
Gymnasium	Гімназія
Gymnastiek	Гімнастика
Hockey	Хокей
Honkbal	Бейсбол
Kampioenschap	Чемпіонат
Scheidsrechter	Суддя
Spel	Гра
Speler	Гравець
Stadion	Стадіон
Team	Команда
Tennis	Теніс
Trainer	Тренер
Winnaar	Переможець
Zwemmen	Плавати

Stad
Місто

Apotheek	Аптека
Bakkerij	Пекарня
Bank	Банк
Bibliotheek	Бібліотека
Bioscoop	Кіно
Bloemist	Флорист
Dierentuin	Зоопарк
Galerij	Галерея
Hotel	Готель
Kliniek	Клініка
Luchthaven	Аеропорт
Markt	Ринок
Museum	Музей
Restaurant	Ресторан
School	Школа
Stadion	Стадіон
Supermarkt	Супермаркет
Theater	Театр
Universiteit	Університет
Winkel	Магазин

Strand
Пляжний

Blauw	Синій
Boot	Човен
Dok	Док
Eiland	Острів
Handdoek	Рушник
Krab	Краб
Kust	Узбережжя
Lagune	Лагуна
Oceaan	Океан
Paraplu	Парасолька
Rif	Риф
Sandalen	Сандалі
Vakantie	Відпустка
Zand	Пісок
Zee	Море
Zeilboot	Вітрильник
Zon	Сонце
Zwemmen	Плавати

Surfen
Серфінг

Atleet	Спортсмен
Beginner	Новачок
Golf	Хвиля
Kampioen	Чемпіон
Kracht	Сила
Maag	Шлунок
Menigte	Натовп
Oceaan	Океан
Peddelen	Весло
Plezier	Веселощі
Populair	Популярний
Rif	Риф
Schuim	Піна
Snelheid	Швидкість
Spray	Спрей
Stijl	Стиль
Strand	Пляж
Weer	Погода
Zwemmen	Плавати

Technologie
Технології

Bericht	Повідомлення
Bestand	Файл
Blog	Блог
Browser	Браузер
Bytes	Байт
Camera	Камера
Computer	Комп'Ютер
Cursor	Курсор
Digitaal	Цифровий
Gegevens	Дані
Internet	Інтернет
Lettertype	Шрифт
Onderzoek	Дослідження
Scherm	Екран
Statistiek	Статистика
Veiligheid	Безпека
Virtueel	Віртуальний
Virus	Вірус

Tijd
Час

Dag	День
Decennium	Десятиліття
Eeuw	Століття
Gisteren	Вчора
Jaar	Рік
Jaarlijks	Щорічний
Kalender	Календар
Klok	Годинник
Maand	Місяць
Middag	Полудень
Minuut	Хвилина
Na	Після
Nacht	Ніч
Nu	Зараз
Ochtend	Ранок
Toekomst	Майбутнє
Uur	Година
Vandaag	Сьогодні
Vroeg	Ранній
Week	Тиждень

Tuin
Сад

Bank	Лава
Bloem	Квітка
Boom	Дерево
Boomgaard	Фруктовий Сад
Garage	Гараж
Gazon	Газон
Gras	Трава
Hangmat	Гамак
Hark	Граблі
Hek	Паркан
Onkruid	Бур'Янів
Schop	Лопата
Slang	Шланг
Struik	Кущ
Terras	Тераса
Trampoline	Батут
Tuin	Сад
Veranda	Ганок
Vijver	Ставок
Wijnstok	Лоза

Vakantie #2
Відпустка #2

Bestemming	Призначення
Buitenlander	Іноземець
Buitenlands	Іноземний
Eiland	Острів
Hotel	Готель
Kaart	Карта
Kamperen	Кемпінг
Luchthaven	Аеропорт
Paspoort	Паспорт
Reis	Подорож
Reserveringen	Бронювання
Restaurant	Ресторан
Strand	Пляж
Taxi	Таксі
Tent	Намет
Vakantie	Свято
Vervoer	Транспорт
Visum	Віза
Vrije Tijd	Дозвілля
Zee	Море

Verjaardag
День Народження

Blij	Радісний
Cake	Торт
Dag	День
Geboren	Народився
Gelukkig	Щасливий
Geschenk	Подарунок
Herinneringen	Спогади
Jaar	Рік
Jong	Молодий
Kaarsen	Свічки
Kaarten	Картки
Kalender	Календар
Lied	Пісня
Plezier	Веселощі
Speciaal	Особливий
Tijd	Час
Uitnodigingen	Запрошення
Viering	Святкування
Vrienden	Друзі
Wijsheid	Мудрість

Vissen
Риболовля

Aas	Принада
Apparatuur	Обладнання
Boot	Човен
Draad	Дріт
Geduld	Терпіння
Gewicht	Вага
Haak	Гак
Kaak	Щелепа
Kieuwen	Зябра
Kok	Кухар
Mand	Кошик
Meer	Озеро
Oceaan	Океан
Overdrijving	Перебільшення
Rivier	Річка
Seizoen	Сезон
Strand	Пляж
Water	Вода

Vliegtuigen
Літаки

Afdaling	Спуск
Atmosfeer	Атмосфера
Avontuur	Пригода
Bemanning	Екіпаж
Bouw	Будівництво
Brandstof	Паливо
Geschiedenis	Історія
Hemel	Небо
Hoogte	Висота
Lanceren	Запуск
Landen	Посадка
Lucht	Повітря
Motor	Двигун
Ontwerp	Дизайн
Passagier	Пасажир
Piloot	Пілот
Propellers	Гвинти
Richting	Напрям
Waterstof	Водень
Weer	Погода

Voeding
Харчування

Bitter	Гіркий
Calorieën	Калорій
Dieet	Дієта
Eetbaar	Їстівний
Eetlust	Апетит
Eiwitten	Білки
Evenwichtig	Збалансований
Fermentatie	Бродіння
Gewicht	Вага
Gezond	Здоровий
Gezondheid	Здоров'Я
Koolhydraten	Вуглеводів
Kwaliteit	Якість
Saus	Соус
Smaak	Аромат
Spijsvertering	Травлення
Toxine	Токсин
Vitamine	Вітамін
Vloeistoffen	Рідини
Voedingsstof	Поживний

Voertuigen
Автомобілі

Auto	Автомобіль
Banden	Шини
Bestelwagen	Фургон
Boot	Човен
Bus	Автобус
Caravan	Караван
Fiets	Велосипед
Helikopter	Вертоліт
Metro	Метро
Motor	Двигун
Raket	Ракета
Scooter	Скутер
Shuttle	Човник
Taxi	Таксі
Tractor	Трактор
Trein	Поїзд
Veerboot	Пором
Vliegtuig	Літак
Vlot	Пліт
Vrachtauto	Вантажівка

Vogels
Птахи

Duif	Голуб
Eend	Качка
Ei	Яйце
Flamingo	Фламінго
Gans	Гуска
Kip	Курка
Koekoek	Зозуля
Kraai	Ворона
Meeuw	Чайка
Mus	Горобець
Ooievaar	Лелека
Papegaai	Папуга
Pauw	Павич
Pelikaan	Пелікан
Pinguïn	Пінгвін
Reiger	Чапля
Struisvogel	Страус
Toekan	Тукан
Uil	Сова
Zwaan	Лебідка

Vormen
Форми

Bol	Сфера
Boog	Дуга
Cilinder	Циліндр
Cirkel	Коло
Curve	Крива
Driehoek	Трикутник
Hoek	Кут
Hyperbool	Гіпербола
Kant	Бік
Kegel	Конус
Kubus	Куб
Lijn	Лінія
Ovaal	Еліпс
Piramide	Піраміда
Prisma	Призма
Rechthoek	Прямокутник
Ronde	Круглий
Veelhoek	Багатокутник
Vierkant	Площа

Wandelen
Походи

Berg	Гора
Dieren	Тварин
Gevaren	Небезпеки
Kaart	Карта
Kamperen	Кемпінг
Klimaat	Клімат
Laarzen	Чоботи
Moe	Втомився
Natuur	Природа
Oriëntatie	Орієнтація
Parken	Парки
Stenen	Камені
Top	Саміт
Voorbereiding	Підготовка
Water	Вода
Weer	Погода
Wild	Дикий
Zon	Сонце
Zwaar	Важкий

Water
Вода

Douche	Душ
Drinkbaar	Питний
Geiser	Гейзер
Golven	Хвилі
Ijs	Лід
Irrigatie	Зрошення
Kanaal	Канал
Meer	Озеро
Moesson	Мусон
Oceaan	Океан
Orkaan	Ураган
Overstroming	Повінь
Regen	Дощ
Rivier	Річка
Sneeuw	Сніг
Stoom	Пар
Verdamping	Випаровування
Vocht	Вологі
Vochtigheid	Вологість
Vorst	Мороз

Weersomstandigheden
Погода

Atmosfeer	Атмосфера
Bliksem	Блискавка
Donder	Грим
Droogte	Посуха
Hemel	Небо
Ijs	Лід
Klimaat	Клімат
Mist	Туман
Moesson	Мусон
Orkaan	Ураган
Overstroming	Повінь
Polair	Полярний
Regenboog	Веселка
Storm	Бур
Temperatuur	Температура
Tornado	Торнадо
Tropisch	Тропічний
Vochtig	Вологий
Wind	Вітер
Wolk	Хмара

Wetenschap
Наукова

Atoom	Атом
Chemisch	Хімічні
Deeltjes	Частинки
Evolutie	Еволюція
Experiment	Експеримент
Feit	Факт
Fossiel	Викопний
Gegevens	Дані
Hypothese	Гіпотеза
Klimaat	Клімат
Laboratorium	Лабораторія
Methode	Метод
Mineralen	Мінерали
Moleculen	Молекули
Natuur	Природа
Natuurkunde	Фізика
Observatie	Спостереження
Organisme	Організм
Wetenschapper	Вчений
Zwaartekracht	Гравітація

Wetenschappelijke Discip
Наукові Дисципліни

Anatomie	Анатомія
Archeologie	Археологія
Astronomie	Астрономія
Biochemie	Біохімія
Biologie	Біологія
Chemie	Хімія
Ecologie	Екологія
Fysiologie	Фізіологія
Geologie	Геологія
Immunologie	Імунологія
Mechanica	Механіка
Meteorologie	Метеорологія
Mineralogie	Мінералогія
Neurologie	Неврологія
Plantkunde	Ботаніка
Psychologie	Психологія
Robotica	Робототехніка
Sociologie	Соціологія
Thermodynamica	Термодинаміка
Voeding	Харчування

Wiskunde
Математика

Bol	Сфера
Decimaal	Десятковий
Diameter	Діаметр
Driehoek	Трикутник
Exponent	Показник
Geometrie	Геометрія
Hoeken	Кути
Omtrek	Периметр
Parallel	Паралельний
Parallellogram	Паралелограм
Rechthoek	Прямокутник
Rekenkundig	Арифметика
Som	Сума
Straal	Радіус
Symmetrie	Симетрія
Veelhoek	Багатокутник
Vergelijking	Рівняння
Vierkant	Площа
Volume	Обсяг

Zomer
Літо

Boeken	Книги
Duiken	Пірнання
Familie	Родина
Herinneringen	Спогади
Huis	Дім
Kamperen	Кемпінг
Muziek	Музика
Ontspanning	Розслаблення
Reis	Подорожувати
Sandalen	Сандалі
Sterren	Зірки
Strand	Пляж
Tuin	Сад
Vakantie	Відпустка
Voedsel	Їжа
Vreugde	Радість
Vrienden	Друзі
Vrije Tijd	Дозвілля
Zee	Море
Zwemmen	Плавати

Zoogdieren
Ссавці

Aap	Мавпа
Bever	Бобер
Coyote	Койот
Dolfijn	Дельфін
Ezel	Осел
Geit	Коза
Giraf	Жираф
Gorilla	Горила
Hond	Пес
Kameel	Верблюд
Kangoeroe	Кенгуру
Kat	Кішка
Konijn	Кролик
Leeuw	Лев
Olifant	Слон
Paard	Кінь
Stier	Бик
Vos	Лисиця
Walvis	Кит
Wolf	Вовк

Gefeliciteerd

Je hebt het gehaald!

We hopen dat u net zoveel plezier beleeft aan dit boek als wij aan het maken ervan. We doen ons best om spellen van hoge kwaliteit te maken.
Deze puzzels zijn op een slimme manier ontworpen zodat je actief kunt leren terwijl je plezier hebt!

Vond je ze mooi?

Een Eenvoudig Verzoek

Onze boeken bestaan dankzij de recensies die zij publiceren.
Kunt u ons helpen door nu een mening achter te laten ?

Hier is een korte link die u naar uw
bestellingen beoordelingspagina.

BestBooksActivity.com/Recensie50

FINAAL UITDAGING!

Uitdaging nr. 1

Klaar voor uw bonusspel? We gebruiken ze de hele tijd, maar ze zijn niet zo gemakkelijk te vinden. Hier zijn **Synoniemen!**

Noteer 5 woorden die je ontdekt hebt in elk van de onderstaande puzzels (nr. 21, nr. 36, nr. 76) en probeer voor elk woord 2 synoniemen te vinden.

Notitie 5 Woorden uit *Puzzle 21*

Woorden	Synoniem 1	Synoniem 2

Notitie 5 Woorden uit *Puzzle 36*

Woorden	Synoniem 1	Synoniem 2

Notitie 5 Woorden uit *Puzzle 76*

Woorden	Synoniem 1	Synoniem 2

Uitdaging nr. 2

Nu je opgewarmd bent, noteer 5 woorden die je ontdekt hebt in elke hieronder genoteerde puzzel (nr. 9, nr. 17, nr. 25) en probeer voor elk woord 2 antoniemen te vinden. Hoeveel regels kan je doen in 20 minuten?

Notitie 5 Woorden uit **Puzzle 9**

Woorden	Antoniem 1	Antoniem 2

Notitie 5 Woorden uit **Puzzle 17**

Woorden	Antoniem 1	Antoniem 2

Notitie 5 Woorden uit **Puzzle 25**

Woorden	Antoniem 1	Antoniem 2

Uitdaging nr. 3

Prachtig, deze finaal uitdaging   is makkelijk voor jou!

Klaar voor de laatste? Kies je 10 favoriete woorden die je in een van de puzzels hebt ontdekt en noteer ze hieronder.

1.	6.
2.	7.
3.	8.
4.	9.
5.	10.

De uitdaging is nu om met deze woorden en binnen een maximum van zes zinnen een tekst te schrijven over een persoon, dier of plaats waar je van houdt!

Tip: U kunt de laatste blanco pagina van dit boek als kladblaadje gebruiken!

Je schrijven:

NOTITIEBOEKJE:

TOT SNEL!

Linguas Classics

BESTACTIVITYBOOKS.COM/FREEGAMES